BABYKOST

Annabel Karmel

BABYKOST

Was Ihrem Baby schmeckt

DORLING KINDERSLEY

DORLING KINDERSLEY
LONDON, NEW YORK, MELBOURNE, MÜNCHEN
UND DELHI

Ich widme dieses Buch meinen Kindern
Nicholas, Lara und Scarlett

Programmleitung Peggy Vance
Cheflektorat Penny Warren
Projektbetreuung Helen Murray
Redaktionsassistenz Angela Baynham
Bildredaktion Glenda Fisher, Marianne Markham, Sara Kimmins
Gestaltung Jo Grey
Designassistenz Charlotte Seymour
Fotos Dave King, Peddy Sadler
Foodstyling Seiko Hatfield
Herstellung Jennifer Murray, Hema Gohil
Umschlaggestaltung Charlotte Seymour
Ernährungsberatung Dr. Rosan Meyer
Allergologische Beratung Dr. Adam Fox

Für die deutsche Ausgabe:
Programmleitung Monika Schlitzer
Projektbetreuung Regina Franke, Manuela Stern
Herstellungsleitung Dorothee Whittaker
Herstellung Ines Tuszynski
Covergestaltung Anja Masuch

Bibliografische Information Der Deutschen Bibliothek
Die Deutsche Bibliothek verzeichnet diese Publikation in der
Deutschen Nationalbibliografie; detaillierte bibliografische
Daten sind im Internet über http://dnb.ddb.de abrufbar.

Titel der englischen Originalausgabe: Weaning

© Dorling Kindersley Limited, London, 2010
Ein Unternehmen der Penguin-Gruppe
Text © by Annabel Karmel 2010

© der deutschsprachigen Ausgabe by Dorling Kindersley Verlag
GmbH, München, 2011
Alle deutschsprachigen Rechte vorbehalten

Übersetzung Jeanette Stark-Städele
Lektorat Martina Schmid

ISBN 978-3-8310-1791-1

Colour reproduction by Colourscan, Singapore
Printed and bound in China by Leo

Besuchen Sie uns im Internet
www.dorlingkindersley.de

Hinweis
Die Informationen und Ratschläge in diesem Buch sind von den
Autoren und vom Verlag sorgfältig erwogen und geprüft, den-
noch kann eine Garantie nicht übernommen werden. Eine Haf-
tung der Autoren bzw. des Verlags und seiner Beauftragten für
Personen-, Sach- und Vermögensschäden ist ausgeschlossen.

Inhalt

Vorwort

Immer wieder wurde ich gebeten, ein Buch zur Einführung von Beikost zu schreiben – einen Ratgeber, der Eltern durch das erste Lebensjahr ihres Babys begleitet, vom ersten Löffel Brei über Fingerfood bis zu gemeinsamen Familienmahlzeiten. Widersprüchliche Empfehlungen in Büchern, auf Webseiten, von Ärzten, Angehörigen und Ernährungsberaterinnen verunsichern viele Eltern. Und so möchte ich Ihnen helfen, fundierte eigene Entscheidungen zu treffen und Ihrem Baby den besten Start ins Leben zu geben.

In den letzten 20 Jahren seit dem Verlust meines ersten Kindes habe ich mich intensiv mit Babyernährung befasst und viele Rezepte für Babys und Kinder entwickelt. Ich habe 20 Bücher geschrieben, die weltweit veröffentlicht wurden. Alle meine Ratschläge basieren auf wissenschaftlichen Forschungen und den Erfahrungen mit meinen eigenen drei Kindern.

Ich möchte Ihnen aufzeigen, welche Nahrungsmittel Sie Ihrem Baby wann geben können und wie Sie daraus leckere Gerichte zubereiten – ganz ohne Gewürze. So gewöhnt sich Ihr Kind von Anfang an an eine gesunde Ernährung. Zwischen sechs und zwölf Monaten öffnet sich dafür ein »Zeitfenster«, weil Babys nun zunehmend Spaß am Essen haben. Wenn Sie Ihrem Kind so früh wie möglich eine vielseitige Kost anbieten, wird es bestimmt kein schwieriger Esser.

Natürlich haben Sie mit einem Baby keine Zeit, lange in der Küche zu stehen – daher sind meine Rezepte schnell und einfach zuzubereiten. Sie können die Speisen auch auf Vorrat zubereiten und portionsweise einfrieren. Dann ernähren Sie Ihr Baby abwechslungsreich und müssen trotzdem nur ein paar Mal in der Woche kochen. Ebenso finden Sie viele Tipps zum Zeitsparen – z. B. Mahlzeiten ohne Kochen. Sie erfahren, warum Ihr

Baby nach dem sechsten Monat auch Fleisch benötigt und wie Sie dieses zubereiten. Zudem gibt es Vorschläge für leckeres Fingerfood.

Die Einführung von Beikost ist ein wichtiger Meilenstein. Wecken Sie den Geschmackssinn Ihres Babys mit leckeren, frischen Gerichten und erleben Sie gemeinsam ein wunderbares erstes Jahr.

Annabel Karmel

Annabel Karmel wurde von der englischen Königin für ihre Verdienste im Bereich der Kinderernahrung ausgezeichnet und erhielt darüber hinaus weitere Auszeichnungen.

Von der Milch zum Brei

Die **Umstellung von Milch auf Beikost** ist ein schrittweiser, individueller Prozess. Vielleicht geht es bei Ihrem Kind **schneller oder langsamer** als bei anderen Babys. Bestimmt ist es **an manchen Tagen »kooperativer«** als an anderen und manchmal möchte es vielleicht **nur seine gewohnte Milch**. Daher ist es hilfreich, wenn man die Grundlagen des Zufütterns versteht und einige **theoretische Hintergründe** kennt. So können Sie eine **Methode** entwickeln, die bei Ihnen und Ihrem Baby **funktioniert**.

Worum es beim Zufüttern geht

Das Abstillen bzw. Entwöhnen von der Flasche ist ein sanfter Prozess, bei dem die Milch allmählich durch nährstoffreiche Nahrungsmittel ersetzt wird. Diese liefern Ihrem Baby Energie und unterstützen sein Wachstum und seine Entwicklung. Zwischen dem sechsten und zwölften Lebensmonat haben Babys einen guten Appetit. Mit vielfältigen neuen Geschmackserlebnissen führen Sie Ihr Kind an eine lebenslang gesunde Ernährung heran.

Milch ist nicht mehr genug

Etwa ab dem sechsten Monat liefert Milch allein nicht mehr alle notwendigen Nährstoffe – insbesondere fehlen Vitamin D und Eisen. Zudem geht der Eisenvorrat zur Neige, den Ihr Baby bei der Geburt mitbekommen hat. Nun ist ein idealer Zeitpunkt, mit Beikost zu beginnen, um ihm die fehlenden Nährstoffe zu geben. Milch bildet jedoch weiterhin viele Monate lang den wesentlichen Bestandteil seiner Ernährung; sie versorgt es mit Fett, Kohlenhydraten, Eiweiß, Vitaminen und wichtigen Mineralstoffen. Zudem bleibt das Stillen oder das Fläschchengeben eine wichtige Form des Trostes und stärkt Ihre Bindung zueinander.

66 *Abstillen ist ein sanfter Prozess, bei dem die Milch allmählich durch nährstoffreiche Nahrungsmittel ersetzt wird.* 99

Ihr Baby braucht Muttermilch oder Flaschennahrung, bis es mindestens zwölf Monate alt ist. Dann ist seine Kost so ausgewogen, dass sie die richtige Kombination an Nährstoffen enthält. Natürlich können Sie während der Einführung

Frühgeborene

In vielen Bereichen der Entwicklung sind Frühgeborene etwas später dran, weil sie die im Mutterleib versäumte Zeit aufholen müssen. Das Abstillen bzw. Entwöhnen gehört nicht dazu. Es ist vielmehr wichtig, dass Sie Ihrem Baby spätestens nach sechs Monaten Beikost geben. Frühgeborenen fehlen Nährstoffe aus der Zeit im Mutterleib. Insbesondere benötigen sie Eisen und Zink, weil diese erst in den letzten Schwangerschaftswochen im Körper des Babys gespeichert werden; manche Frühgeborene brauchen daher von Anfang an eine Spezialnahrung. Der Prozess des Entwöhnens kann etwas länger dauern als bei termingerecht geborenen Babys. Wenn Ihr Baby für Beikost bereit zu sein scheint (s. S. 22), sprechen Sie mit dem Kinderarzt. Beginnen Sie mit nährstoffreichen Nahrungsmitteln, wie Avocados, Kartoffeln und Aprikosen.

von Beikost problemlos weiterstillen. Viele Forschungen bestätigen, dass Muttermilch bis in die Kleinkindzeit Antikörper liefert und somit die Abwehrkraft des Kindes gegen Infektionen stärkt. Sie enthält besonders gut verwertbares Eisen, ebenso Eiweiß, essenzielle Fettsäuren, Vitamine, Mineralstoffe und Enzyme. Das macht sie zur perfekten Ergänzung einer gesunden, abwechslungsreichen Kost.

Stillen Sie Ihr Baby wie gewohnt oder geben Sie ihm mindestens 600 ml Säuglingsnahrung am Tag. Morgens wird Ihr Baby wohl am längsten seine gewohnte Milch trinken, manche verlangen auch nachts noch längere Zeit nach Brust oder Flasche. Zunächst bekommt das Baby auch nach der Beikost – es sind anfangs nur wenige Löffel voll – die Brust oder die Flasche, bis es satt ist.

Der Weg zur gemischten Kost

Wenn Sie mit dem Abstillen bzw. Entwöhnen beginnen, bieten Sie Ihrem Baby neue Geschmacksrichtungen in Form von Gemüse und Obst an – zunächst als flüssigen Brei, ähnlich wie Milch, später bereiten Sie den Brei dicker und allmählich stückiger zu. Vielfalt ist wichtig. Geben Sie alle paar Tage ein neues Nahrungsmittel (auch solche, die Sie selbst selten essen). Je größer die Abwechslung ist, umso leichter gewöhnt sich Ihr Baby an eine gesunde, nährstoffreiche Kost. In den ersten Tagen sind ein, zwei Löffel voll schon ein Erfolg. Also keine Sorge, wenn Ihr Baby seine Schüssel nicht leer isst.

In der ersten Phase des Zufütterns geht es um die Einführung neuer Geschmacksrichtungen und um die Kunst des Essens. Das braucht seine Zeit. Bieten Sie Ihrem Baby immer wieder etwas Neues an; wenn es den Brei nicht mag, nehmen Sie ihn weg und versuchen Sie es in ein paar Tagen nochmals.

Tipps für den richtigen Start

Es erleichtert den gesamten Umstellungsprozess, wenn Sie von Anfang an richtig vorgehen. Noch bevor Sie Ihrem Baby das erste Löffelchen Brei geben, sollten Sie die wichtigsten Tipps für erfolgreiches Abstillen kennen:

✸ Stellen Sie sicher, dass Ihr Baby bereit dazu ist. Ist es zu jung und sträubt sich, wird der Beginn des Zufütterns für Sie beide aufreibend (s. S. 22).

✸ Vielen Babys fehlt beim Zufüttern die emotionale Nähe. Sie werden unruhig, wenn das trostspendende Saugen fehlt. Nehmen Sie Ihr Baby deshalb anfangs auf den Schoß, wo es sich geborgen und geliebt fühlt.

✸ Beim Trinken an der Brust oder der Flasche schieben Babys instinktiv ihre Zunge nach vorn. Nun muss Ihr Baby lernen, seine Zunge weiter hinten im Mund zu behalten. Wenn es mit einem Löffel noch nicht zurechtkommt, tunken Sie Ihren sauberen Finger in den Brei und lassen es diesen von Ihrem Finger absaugen.

✸ Lachen, lächeln und singen Sie bei den Mahlzeiten und probieren Sie selbst den Brei Ihres Babys – Ihre Freude steckt es an, es wird Sie nachahmen und auch probieren.

✸ Füttern Sie Ihr Baby nicht, wenn es übermüdet, überreizt oder sehr hungrig ist. In dieser Verfassung will es nur eines – Milch.

✸ Machen Sie sich keine Gedanken um die richtige Menge oder Nährstoffe. Wenn das Nahrungsmittel vollwertig und frisch ist und es ein wenig davon isst, ist alles bestens.

✸ Vergleichen Sie Ihr Baby nicht mit anderen. Jedes Baby entwickelt sich in seinem eigenen Tempo. Die Akzeptanz von Beikost ist kein Spiegel seiner Intelligenz.

Tatsachen und Legenden zur Beikost

Zum Thema Beikost gibt es viele Mythen. Zu Großmutters Zeiten hieß es, Babys sollten mit drei oder vier Monaten Brei bekommen, damit sie nachts durchschlafen. Heute gibt es Berichte, dass das Baby Probleme haben wird, wenn wir vor dem sechsten Monat zufüttern. Was stimmt?

Durchschlafen

Viele Babys wachen monatelang nachts auf; das ist für die Eltern sehr anstrengend. In diesem Fall kann der abendliche Milchbrei, der in der Regel im siebten Monat eingeführt wird, dank seines Kohlenhydrat- und Eiweißgehalts das Durchschlafen fördern. Eiweiß wird langsam verdaut und sättigt daher länger. So schläft Ihr Kind leichter durch, falls es aus Hunger aufgewacht ist.

Zahnen und Beikost

Der Durchbruch der Zähne bedeutet nicht, dass es Zeit für feste Kost ist. Manchmal kommen die ersten Milchzähne mit etwa vier Monaten, was für Beikost zu früh wäre. Andere Babys dagegen zahnen selbst mit sechs Monaten noch nicht.

Gewichtszunahme

Untergewichtige Babys profitieren nicht unbedingt von einem frühen Zufüttern. Forschungen zeigen, dass eher eine fortgeführte Milchernährung die optimale Gewichtszunahme begünstigt, da die erste Beikost (Gemüse und Obst) nur wenig Kalorien enthält.

Spätes Zufüttern und Allergien

Bei familiärer Allergieneigung wird Eltern oft geraten, erst später als nach dem sechsten Monat Beikost zu geben. Dahinter steht die Annahme, dass das noch unreife Immunsystem weiter ausreift und dann Allergene besser verträgt. Forschungen haben aber gezeigt, dass späteres Zufüttern keine Auswirkung auf Allergien hat, sondern eher die Akzeptanz des Babys für Beikost verringert. Zudem besteht das Risiko eines Eisenmangels, da Milch allein den Bedarf nicht deckt. Eine Beikostgabe ab dem sechsten Monat ist ideal.

Verzicht auf manche Lebensmittel

Manche Mütter wollen ihr Baby ohne Weizen, Fleisch oder Milchprodukte ernähren. Doch der Verzicht auf ganze Nahrungsmittelgruppen ist gefährlich. Milchprodukte sind eine wichtige Kalzium- und Vitamin-D-Quelle – unverzichtbar für Zähne und Knochenwachstum – und enthalten viel Eiweiß. Das Klebereiweiß Gluten im Weizen verursacht manchmal eine Unverträglichkeit. Ansonsten enthält Weizen wertvolle Kohlenhydrate, B-Vitamine und Ballaststoffe und ist nach dem sechsten Monat ein gesunder Bestandteil der Babyernährung. Was Fleisch betrifft: Es gibt wenig andere Quellen von so gut verwertbarem Eisen.

Auffälliger Stuhlgang

Wenn Nahrungsmittel fast unverdaut in der Windel auftauchen, bedeutet das nicht, dass es zu früh ist für Beikost. Auch aus scheinbar kaum verdauten Lebensmitteln wurden Nährstoffe aufgenommen. Erst mit zwei Jahren können Babys die Schale von Gemüse und von Obst verdauen. Schälen, Zerdrücken und Pürieren unterstützen den Verdauungsprozess.

Sara und Tim, 6 Monate

Ich schob das Abstillen immer wieder hinaus, weil mir dieser erste große Schritt zu Tims Selbstständigkeit schwerfiel. Ich war traurig, weil er nicht mehr völlig von mir abhängig sein würde. Das Stillen ist so ein inniges Erlebnis, Beikost erschien mir irgendwie herzlos. Außerdem war ich unsicher, ob ich ihm die richtigen Nahrungsmittel gebe. Schließlich soll er gesund und stark werden. Doch dann ging es prima und er aß begeistert seinen ersten Brei – Süßkartoffeln mit etwas abgepumpter Muttermilch. Und so bekommt er auch das Bestmögliche!

Grundlagen einer gesunden Ernährung

Alles, was Ihr Baby isst, trägt zu seinem Wachstum, seiner Entwicklung und zu seiner künftigen Gesundheit bei. Die erste Beikost führt Ihr Baby zunächst in die Welt der Lebensmittel ein; hier steht weniger der gesundheitliche Aspekt im Vordergrund. Doch die Portionen werden immer größer und durch viel Abwechslung sorgen Sie dafür, dass Ihr Baby kein heikler Esser wird.

Sie müssen keine Ernährungsexpertin sein, um gesunde, nährstoffreiche Mahlzeiten für Ihr Baby zuzubereiten. Frische, unverarbeitete Nahrungsmittel stärken seine Gesundheit und liefern ihm alle wichtigen Nährstoffe.

Was braucht Ihr Baby? Von der Geburt bis zum sechsten Monat erhält es alles Notwendige über die Milch – Muttermilch oder Flaschennahrung. Stillen ist die gesündeste Möglichkeit (s. S. 11). Sie können parallel zur Beikost so lange stillen, wie es Ihnen beiden gefällt. Doch auch wenn Ihr Baby die meisten Nährstoffe aus der Muttermilch bekommt, dürfen Sie die Qualität der anderen Nahrungsmittel nicht vernachlässigen.

Eine ausgewogene Ernährung enthält alle Nährstoffe, die die Gesundheit fördern. Folgendes gehört dazu:

Fette

Fett wird heutzutage oft pauschal als »ungesund« verdammt, doch das stimmt so nicht. Fett ist wichtig als Energielieferant, für verschiedenste Körperfunktionen und das Nervensystem. Fette enthalten die Vitamine A, D und E, die unverzichtbar sind für die Gesundheit und Entwicklung.

Am bedeutsamsten sind die »essenziellen Fettsäuren«, die in fettreichem Fisch, in Nüssen, Samen, Pflanzenölen und Avocados vorkommen. Sie sind entscheidend für die Entwicklung des Gehirns und des Sehvermögens im ersten Lebensjahr. Daher sollte Fisch, wie Lachs, schon früh auf dem Speiseplan Ihres Babys stehen (s. Kapitel 2).

Vermieden werden sollten sog. Transfette, die »gehärtet« sind. Sie sind nachgewiesenermaßen ungesund. Sie kommen in Fertigprodukten und Backwaren vor, wie Keksen, Kuchen, Chips. Verzichten Sie auf Produkte, die gehärtete Fette enthalten.

Gesättigte Fette in Käse, Butter, Vollmilch und Fleisch werden oft ebenfalls als ungesund bezeichnet; Babys benötigen jedoch aufgrund ihres raschen Wachstums einen größeren Anteil von diesen Fetten in ihrer Kost als Erwachsene. Daher ist es empfehlenswert, dem Babybrei anfangs gelegentlich etwas Butter, später auch etwas Käse zuzugeben (s. Kapitel 2).

Kohlenhydrate

Kohlenhydratreiche Lebensmittel gelten als
»Energiespender«. Am gesündesten sind komplexe, nicht industriell verarbeitete Kohlenhydrate, z. B. in Vollkornflocken und -brot, Naturreis, Obst und Gemüse. Sie enthalten jedoch auch Ballaststoffe. Zu viele Ballaststoffe sollten Babys nicht zu sich nehmen, da diese sehr schnell sättigen und die Aufnahme wichtiger Vitamine und Mineralstoffe behindern. Raffinierte Kohlenhydrate, z. B. in weißem Reis und Weißmehl, haben einen etwas geringeren Nährstoffgehalt, sind aber leichter verdaulich und damit als Anfangskost besser geeignet. Wenn Ihr Baby älter wird, kann es statt Weißmehlprodukten zunehmend auch Vollkornprodukte bekommen.

Eiweiß

Eiweiß ist in Fisch, magerem Fleisch, Geflügel, Hülsenfrüchten (Kichererbsen, Bohnen, Linsen), Soja, Milchprodukten und Eiern enthalten. Es liefert Ihrem Baby die Bausteine für sein stetiges Wachstum und eine gesunde Entwicklung und ist ein wesentlicher Bestandteil seiner Ernährung. Wenn Sie Ihr Baby vegan oder vegetarisch ernähren wollen, müssen Sie besonders auf die Versorgung mit hochwertigem Eiweiß (s. S. 18) achten.

Ballaststoffe

Ballaststoffe sind kein eigentlicher Nährstoff, spielen aber eine wichtige Rolle im Körper Ihres Babys. Das Kauen von faserreichen Lebensmitteln regt die Speichelbildung an und schützt so die Zähne des Babys und unterstützt die Verdauung. Ballaststoffe reinigen den Verdauungstrakt, fördern den regelmäßigen Stuhlgang und unterstützen die Aufnahme der Nährstoffe aus der Babykost. Pektin, ein löslicher Ballaststoff in Äpfeln und Karotten, stabilisiert den Blutzuckerwert und

Obstpürees enthalten Vitamine und Mineralien, die das Baby ab einem Alter von sechs Monaten benötigt.

stärkt das Immunsystem. Ballaststoffe kommen in beinahe allen Obst- und Gemüsesorten und in Getreide vor.

Vitamine und Mineralstoffe

Eine ausgewogene Ernährung mit viel gesundem Fett, hochwertigem Eiweiß, komplexen Kohlenhydraten und frischem Obst und Gemüse enthält alle Nährstoffe, die Ihr Baby benötigt. Auf einige müssen Sie jedoch besonders achten:

✦ Eisen ist für die Kleinen außerordentlich wichtig. Bei einem Eisenmangel lässt die körperliche Aktivität nach und das Baby kann sich langsamer entwickeln. Möglicherweise kann es sich schlecht konzentrieren und hat nur eine kurze Aufmerksamkeitsspanne, wirkt müde und schwach. Es gibt zwei Arten von Eisen – »Häm-Eisen« und »Nicht-Häm-Eisen«. Häm-Eisen kommt in Fleisch, Fisch und Eiern vor und wird vom Körper des Kindes besonders gut aufgenommen. Nicht-Häm-Eisen stammt aus pflanzlichen Quellen, wie Hülsenfrüchten, Blattgemüse, Erbsen und Vollkorn, oder aus mit Eisen angereicherten Cerealien. Am besten ist eine Kombination beider Formen.

✷ Vitamin C ist notwendig für die Eisenaufnahme. Das Vitamin stärkt zudem das Immunsystem, fördert Heilungsprozesse und die gesunde Entwicklung von Knochen und Haut. Gute Lieferanten sind frisches Obst und Gemüse.

✷ Vitamin D ist unverzichtbar für gesunde Knochen und Zähne. Der Körper kann Vitamin D aus natürlichem Sonnenlicht bilden; es kommt auch in Milchprodukten, Eiern, fettem Fisch und Fischöl vor. Voll gestillte Babys über sechs Monate und Babys, die weniger als 500 ml Flaschennahrung am Tag trinken, sollten – nach Rücksprache mit dem Kinderarzt – ein entsprechendes Vitaminpräparat erhalten.

✷ Kalzium ist unerlässlich für das Wachstum und die Entwicklung starker Knochen und Zähne und erfüllt zahlreiche weitere Funktionen im Körper des Babys. Muttermilch ist reich an Kalzium und auch Flaschennahrung enthält ausreichende Mengen. Kalzium kommt in Milchprodukten, grünem Blattgemüse, Lachs und Sardinen aus der Dose, Sesamsamen, Mandeln und Soja vor.

✷ Zink ist ebenfalls unverzichtbar für die Entwicklung Ihres Babys. Es unterstützt die Wundheilung, das Immunsystem, ein gesundes Wachstum, den Energiehaushalt und einen gesunden Appetit und kommt in Meeresfrüchten, Geflügel, magerem rotem Fleisch, Sonnenblumenkernen, Erdnüssen, Vollkorn und Hülsenfrüchten vor.

Darüber hinaus benötigt Ihr Baby weitere Vitamine und Mineralstoffe für seine Gesundheit und Entwicklung. Auf diese werden wir im Buch immer wieder zu sprechen kommen.

Erste Kostproben

Die ersten Kostproben müssen Ihr Baby noch keineswegs mit allen Nährstoffen versorgen. Da Babys jedoch einen kleinen Magen haben, sollte alles, was Sie ihm geben, dazu beitragen, dass es kräftig und gesund wird. Babys besitzen zudem noch kaum »Nährstoffspeicher«; daher ist eine ausgewogene Ernährung besonders wichtig. Geschmackliche Vorlieben und Abneigungen werden früh geprägt: Helfen Sie Ihrem Baby, Geschmack an gesunden Lebensmitteln zu entwickeln, dann haben Sie in den kommenden Jahren kaum Probleme mit dem Essverhalten Ihres Kindes.

Wie viel Ihr Baby von seiner ersten Beikost isst, ist nicht weiter von Bedeutung. Ein paar Löffel voll, am besten zur Mittagsmahlzeit, reichen anfangs aus. Nach etwa vier Wochen isst Ihr Baby dann vielleicht schon zwei »Mahlzeiten« am Tag – eine Mittagsmahlzeit und abends einen Milchbrei.

Ihr Baby wird Ihnen schon mitteilen, wie viel es »braucht«; manche Nahrungsmittel, wie Kohlenhydrate, sättigen schneller als frisches Obst und Gemüse. Wenn es satt zu sein scheint bzw. nicht mehr gefüttert werden will, beenden Sie die Mahlzeit.

Sobald Ihr Baby dreimal am Tag einen Brei isst und weniger Milch trinkt (etwa mit acht bis neun Monaten), sollte es viel frisches Obst und Gemüse, ausreichend Eiweiß, gesunde Fette und hochwertige Kohlenhydrate bekommen, damit seine Kost ausgewogen und gesund ist und ihm viel Energie zuführt. Achten Sie darauf, was es über den Tag verteilt zu sich nimmt – so lange es von allem ein wenig isst (Kohlenhydrate, Eiweiß, Fett sowie Obst und Gemüse), machen Sie alles richtig.

Besondere Ernährungsformen

Wenn Sie aus gesundheitlichen, religiösen, kulturellen, ethischen oder aus anderen Gründen auf bestimmte Nahrungsmittel in der Babykost verzichten wollen, müssen Sie unbedingt darauf achten, dass kein Mangel an bestimmten Nährstoffen entsteht.

Vegetarische Babykost

In den ersten zwölf Lebensmonaten erhalten Babys über die Milch die meisten Vitamine, Mineralien und andere Nährstoffe, die sie für ihr Gedeihen benötigen. Das ist ein großer Vorteil. Zudem erhalten die meisten Babys eine vegetarische erste Beikost – Gemüsebrei oder Obstmus. Danach werden normalerweise auch Fleisch, Geflügel und Fisch gegeben. Bei vegetarischer Ernährung müssen Sie Ihr Baby nun auf andere Weise mit Eisen, Eiweiß, Zink und Vitamin B_{12} versorgen. Vitamin B_{12} ist unverzichtbar für die Bildung roter Blutkörperchen, das Nervensystem sowie das Wachstum und die Entwicklung. Es kommt in Eiern und Milchprodukten vor. Ein Mangel verursacht Anämie (Blutarmut).

Milchprodukte, Hülsenfrüchte wie Linsen, angereicherte Cerealien und andere Vollkornprodukte, Sojaprodukte, grünes Blattgemüse und Obst, auch Trockenobst, versorgen Ihr Baby mit allen notwendigen Nährstoffen. Sofern keine familiäre Allergieneigung besteht (s. S. 20), können Sie auch bald Erdnussbutter geben. Zudem braucht Ihr Baby ausreichend essenzielle Fettsäuren (s. S. 15) – gesunde pflanzliche Lieferanten sind Avocados, Nussbutter, Quinoa, Olivenöl und Leinsamenöl.

Vegetarische Kost enthält viele Ballaststoffe, was für Babys ungünstig ist. Sie kann auch die Eisenaufnahme beeinträchtigen, enthält wenig Kalorien und wenig essenzielle Fettsäuren.

Daher ist es wichtig, dass Ihr Baby bald auch Käse und gekochte Eier isst, die eine hohe Nährstoffdichte besitzen.

Vegane Babykost

Auch hierbei erhält Ihr Baby zunächst die meisten benötigten Nährstoffe aus seiner Milch. Sobald es jedoch überwiegend Beikost isst, müssen Sie auf die ausreichende Versorgung mit Eiweiß, Zink, Kalzium, Vitamin B_{12} (s. oben) und Vitamin D (hauptsächlich in Eiern, fettem Fisch und Hülsenfrüchten enthalten) achten. Lassen Sie sich vom Kinderarzt und einer Ernährungsspezialistin beraten. Vermutlich bekommt Ihr Kind ein Vitaminpräparat.

Ihr Baby muss vom Beginn des Zufütterns an auch Eisen erhalten. Verwenden Sie mit Eisen angereicherte Cerealien und mischen Sie Obst, insbesondere Aprikosen (getrocknet oder frisch), und viel grünes Blattgemüse in seinen Brei. Eisen nicht tierischer Herkunft wird vom Körper nur schwer aufgenommen; durch die gleichzeitige Gabe Vitamin-C-reicher Nahrungsmittel (Obst, Gemüse, etwas Fruchtsaft) fördern Sie die Eisenaufnahme.

Vitamine und Nahrungsergänzungen

Bis zum Alter von zwölf Monaten erhalten Babys die erforderlichen Nährstoffe in der Regel aus der Mutter- oder Säuglingsmilch. Mit sechs Monaten sind jedoch ihre Eisenreserven erschöpft; Muttermilch enthält nicht genügend Eisen. Nun wird Eisen über die Beikost zugeführt, z. B. aus angereicherten Cerealien oder Fleisch. Viele Babys brauchen zudem ein Vitamin-D-Präparat (s. S. 17).

Ein krankes Baby füttern

Wenn Ihr Kleines krank ist, folgen Sie Ihrem Instinkt. Hat es Hunger, bieten Sie ihm etwas zu essen an, am besten reife Bananen, Äpfel, evtl. Reisschleim – sie belasten das Verdauungssystem nicht. Mag es keine feste Kost, geben Sie ihm die gewohnte Milch. Damit beugen Sie einer gefährlichen Dehydrierung (Austrocknung) vor. Flaschenbabys mögen vielleicht zusätzlich etwas Wasser. Lehnt Ihr Kind auch die Milch ab, wenden Sie sich an den Kinderarzt. Vielleicht empfiehlt er, eine Elektrolytlösung zu geben. Meist geht es dem Baby nach 24 bis 48 Stunden besser. Wenn es aber schlaff und apathisch ist und kaum Windeln einnässt (Anzeichen einer Dehydrierung), wenden Sie sich sofort an den Kinderarzt.

Gewichtssorgen

Stillen bietet die beste Gewähr gegen Übergewicht; Stillbabys sind auch später seltener übergewichtig. Beachten Sie bei der Flaschenfütterung die Sättigungszeichen. Babys unter sechs Monaten brauchen gewöhnlich nicht mehr als 600 ml Milch am Tag. Achten Sie auch nach Einführung der Beikost darauf, Ihr Baby nicht zu überfüttern – bieten Sie ihm etwas an, und wenn es nichts mehr mag, beenden Sie die Mahlzeit.

Wenn Ihr Kleines untergewichtig ist, stellen Sie sicher, dass es genügend Milch bekommt, und füttern Sie es, solange es will. Jede Mahlzeit sollte Eiweiß enthalten. Sie können seinen Brei mit gesunden Fetten, wie Milch, Sahne, Käse, Sonnenblumenöl, oder auch einem Ei gehaltvoller machen.

Jenny fragt …

Wir wollen unsere Tochter vegetarisch ernähren, aber sie wirkt irgendwie schlapp. Besteht die Gefahr, dass eine eingeschränkte Kost sie krank macht?

Am wichtigsten ist eine ausreichende Versorgung mit Eisen, das in angereicherten Cerealien, Hülsenfrüchten, grünem Blattgemüse und Trockenobst, wie Aprikosen, enthalten ist. Der Körper verwertet jedoch tierisches Eisen, z. B. aus rotem Fleisch, besser. Sie können die Eisenaufnahme aus nicht tierischen Quellen verbessern, indem Sie zu den Mahlzeiten etwas Vitamin C geben, z. B. frisches Obst oder verdünnten Fruchtsaft. Achten Sie auch auf eine ausreichende Versorgung mit Kohlenhydraten. Sie sind der Treibstoff Ihres Babys für Wachstum und Energie. Geben Sie ihm außer Gemüse auch Nudeln, Haferprodukte, Reis, Kartoffeln, Avocados und Weißmehlprodukte zu den Mahlzeiten. Ist es trotzdem weiterhin antriebslos, sprechen Sie mit dem Arzt. Er kann ein Eisenpräparat verschreiben.

Nahrungsmittelallergien

Nahrungsmittelallergien bei Kindern scheinen auf dem Vormarsch zu sein, daher befürchten viele Eltern, dass bei der Einführung von Beikost Probleme auftauchen können. Sie sind auf der sicheren Seite, wenn Sie wissen, ob Ihr Baby ein Risiko trägt, und Anzeichen einer Nahrungsmittelallergie erkennen.

Was sind Allergien?

Eine Allergie ist eine überschießende Reaktion des Immunsystems auf bestimmte Stoffe. Statt harmlose Eiweiße in Nahrungsmitteln zu ignorieren, schüttet es als Reaktion die Substanz Histamin aus. Diese verursacht die Symptome, wie Nesselsucht, Hautausschlag und Schwellungen. Manchmal gibt es schwere Reaktionen bis hin zum lebensbedrohlichen anaphylaktischen Schock.

Die meisten Nahrungsmittelallergien beginnen in der Säuglingszeit und den Kindergartenjahren; oft wachsen sie sich aus. Auslöser sind meist nur wenige typische Nahrungsmittel, die sich regional unterscheiden. So treten z. B. Milch-

und Eiallergien weltweit häufig auf, während Erdnuss- und Baumnussallergien vor allem in den USA, in Großbritannien und Australien ein Problem sind, Fisch dagegen in Spanien und Japan. Dies spiegelt kulturelle Ernährungsgewohnheiten wider. Am häufigsten sind Allergien auf Eier, Milchprodukte, Weizen, Soja, Nüsse, Sesamsamen, Fisch, Erdnüsse und Schalentiere.

Gefährdete Babys

Wenn in Ihrer Familie Allergien vorkommen, wie Heuschnupfen, Asthma oder Neurodermitis, trägt Ihr Baby ein erhöhtes Risiko. Auch Babys mit Ekzemen leiden eher an Nahrungsmittelallergien. Seien Sie dann bei der Einführung neuer Lebensmittel besonders vorsichtig (s. unten).

Späteres Abstillen oder der Verzicht auf die Einführung möglicherweise allergieauslösender Nahrungsmittel (auch Erdnüsse) scheint die Wahrscheinlichkeit des Auftretens einer Allergie nicht zu beeinflussen. Im Gegenteil: Es kann der Entwicklung von Allergien im späteren Leben vorbeugen, wenn Sie Ihrem Baby zwischen sechs und zwölf Monaten eine breite Auswahl an Nahrungsmitteln geben. Der wichtigste Schutz ist volles Stillen in den ersten sechs Monaten.

Wann Anlass zur Sorge besteht

Geben Sie Ihrem Baby jeweils nur ein neues Nahrungsmittel und frühestens nach 24 Stunden ein weiteres. Wenn Ihr Baby zur »Risikogruppe«

Anaphylaktischer Schock

Alle Nahrungsmittelallergien können gefährlich sein. Treten bei Ihrem Baby aber Symptome auf, die die Atmung behindern, rufen Sie sofort den Notarzt. Es besteht ein anaphylaktischer Schock, der zu einem Kreislaufkollaps führen kann. Symptome sind Atemnot, plötzliche Blässe, unerklärliche, plötzliche Benommenheit und Gesichtsschwellung.

gehört, warten Sie 48 bis 72 Stunden ab. Allergien vom »Soforttyp« sind sehr leicht zu erkennen: Um den Mund kann sich ein Ausschlag ausbreiten, Lippen, Augen und Gesicht können anschwellen und die Nase laufen. Auch Erbrechen oder Durchfall kann auftreten. Wenn die Atmung beeinträchtigt ist oder Ihr Baby blass oder bewusstlos wird, rufen Sie sofort den Notarzt: Dies sind lebensbedrohliche Reaktionen.

Manche Allergien treten verzögert auf und sind damit schwerer festzustellen. Symptome sind Ekzeme, Speiserückfluss aus dem Magen, mangelhaftes Gedeihen, Verstopfung oder Durchfall, Bauchschmerzen und häufige Unruhe oder Schreien. Viele dieser Symptome kommen in der Kindheit jedoch häufig vor; Allergien sind nur ein möglicher Grund. Stellen Sie Ihr Baby einem erfahrenen Kinderarzt vor. Er kann klären, ob ein Nahrungsmittel die Ursache ist.

> *Die meisten Nahrungsmittelallergien beginnen in der Säuglingszeit und den Kindergartenjahren, oft wachsen sie sich aus.*

Nahrungsmittelunverträglichkeit

Bei einer Unverträglichkeit (Intoleranz) ist im Gegensatz zur Allergie das Immunsystem nicht betroffen. Stattdessen besteht manchmal ein Enzymmangel, der die Verdauung des entsprechenden Nahrungsmittels erschwert. Bei einer Laktoseintoleranz fehlt z. B. das Enzym Laktase, das an der Verdauung von Milch beteiligt ist. Manche Unverträglichkeiten bestehen nur zeitweilig, z. B. eine kurzzeitige Milchunverträglichkeit nach einer Darminfektion. Sehr selten besteht eine Intoleranz gegenüber Nahrungsmittelzusätzen, wie Farbstoffen, Geschmacksverstärkern, Glutamat und Sulfaten. Die Symptome können denen einer Allergie ähneln, daher ist es oft schwierig, zwischen Unverträglichkeit und Allergie zu unterscheiden. Wenn Ihr Baby nach dem Verzehr bestimmter Nahrungsmittel an ungewöhnlichen Symptomen leidet, stellen Sie es bitte dem Kinderarzt vor.

Ein Essenstagebuch führen

Am besten erkennen Sie problematische Nahrungsmittel, wenn Sie aufschreiben, was Ihr Baby isst. Notieren Sie jedes Lebensmittel, das Sie ihm geben, mit Zeitpunkt und möglicher Reaktion. Selbst wenn Ihr Kind nicht an Allergien leidet, kann ein solches Essenstagebuch hilfreich sein! Bei familiärer Allergieneigung sollten Sie nach der Einführung möglicherweise allergener Nahrungsmittel 48 Stunden abwarten, um zu sehen, ob eine Reaktion auftritt. Warten Sie z.B. nach der Gabe von Milchprodukten zwei Tage ab, bevor Sie am dritten Tag das erste Ei geben.

Am besten geben Sie neue Lebensmittel zur Mittagsmahlzeit, sodass Sie im Verlauf des Tages die Reaktion Ihres Babys beobachten können. Notieren Sie jegliche Veränderung in seinem Befinden, auch in seinem Schlafverhalten, dem Stuhlgang und dem Verhalten während der folgenden Tage.

Und wenn eine Reaktion auftritt?

Wenn Sie eine Reaktion feststellen, geben Sie das verdächtige Nahrungsmittel nicht mehr und vereinbaren Sie einen Termin beim Kinderarzt; er kann Ihr Baby an einen Allergologen überweisen. Am besten meiden Sie das problematische Nahrungsmittel ganz. Eventuell müssen Sie mögliche Nährstoffdefizite durch andere Lebensmittel ausgleichen. Ihr Arzt kann Sie auch an eine Ernährungsberaterin überweisen. Viele Nahrungsmittelallergien wachsen sich in der Kindheit aus.

Ist Ihr Baby bereit für Beikost?

Wir haben bereits betont, wie wichtig es ist, zum »richtigen« Zeitpunkt mit der Einführung von Beikost zu beginnen, und dafür gibt es gute Gründe. Doch auch Ihr Baby muss »bereit« sein für diese neue Erfahrung.

Aus vielerlei Gründen wird empfohlen, das Baby in den ersten sechs Lebensmonaten voll zu stillen. Muttermilch ist für das Baby ein vollwertiges Nahrungsmittel.

Die Einführung von Beikost bietet Ihrem Baby zunächst einmal neue Geschmacksreize. Manche Babys sind dazu früher bereit als andere; vor dem fünften Monat sollten Sie jedoch nicht zufüttern.

Das »Zeitfenster« bis sechs Monate

Etwa ab der 18. Woche vertragen viele Babys die erste Beikost; spätestens nach der 24. Woche sollten Sie Beikost einführen. Das hat folgende Gründe:

⭐ Ihr Baby bildet nun die erforderlichen Verdauungsenzyme.

⭐ Seine Nieren können feste Kost verarbeiten.

⭐ Die Eisenreserven gehen mit etwa sechs Monaten zur Neige; nun wird es wichtig, dass Ihr Baby Eisen über die Nahrung erhält.

Was tun bei Allergien?

Bei familiärer Allergieneigung sollten Sie das Baby sechs Monate voll stillen, bevor Sie zufüttern. Danach können Sie Ihr Baby schrittweise abstillen, wobei Sie besonders auf potenziell allergieauslösende Nahrungsmittel achten (s. S. 20f.).

⭐ Es besitzt eine gewisse Kopfkontrolle und kann eine zum Schlucken geeignete Haltung einnehmen.

⭐ Kiefer und Zunge sind so weit entwickelt, dass das Baby festere Kost essen und schlucken kann.

⭐ Der Umgang mit fester Kost unterstützt die Entwicklung von Mund und Zunge und bereitet aufs Sprechen vor.

⭐ Bis sechs Monate sind Babys offen für neue Geschmacksreize und Konsistenzen. Später sträuben sie sich oft mehr. Stillbabys sind durch die Muttermilch bereits an verschiedenste Geschmacksvarianten gewöhnt und akzeptieren neue Nahrungsmittel oft leichter als Flaschenbabys.

Anzeichen für die Bereitschaft Ihres Babys

Ihr Baby zeigt Interesse an dem, was Sie essen, und greift vielleicht danach. Es kann hungriger sein als sonst, nach der normalen Milchmahlzeit unzufrieden, und wacht möglicherweise nachts wieder auf, nachdem es bereits durchgeschlafen hatte.

Normalerweise findet zwischen drei und vier Monaten ein Wachstumsschub statt, durch den das Kind häufiger nachts aufwacht und evtl. mehr Mahlzeiten braucht – in diesem Alter ist es aber noch zu früh für Beikost.

Andere Anzeichen für seine Bereitschaft sind:

⭐ Kopfkontrolle; kontrollierte Bewegungen.

⭐ Versuche, Dinge in den Mund zu stecken.

⭐ Kaubewegungen.

⭐ Beißen auf Fingern oder Fäusten.

Neue Nahrungsmittel einführen

Dieser Wegweiser zeigt Ihnen, welche Nahrungsmittel dem Wachstum und der Entwicklung Ihres Babys in der jeweiligen Beikostphase entsprechen – bedenken Sie dabei bitte, dass jedes Baby individuell reagiert.

✹ Erste Phase – mit etwa 6 Monaten	✹ Zweite Phase – 6 bis 9 Monate	✹ Dritte Phase – 10 bis 12 Monate
Konsistenz Dünnflüssiger Brei; weiches Fingerfood, je nach Kaufähigkeit des Babys (s. S. 44).	Festerer Brei mit winzigen Klümpchen und Zerdrücktem oder Kleingehacktem; Fingerfood, das im Mund schmilzt und beim Kauen zergeht (s. S. 70f.).	Gehackte, klein geschnittene, zerdrückte und stückige Speisen; Fingerfood zum Beißen und Kauen (s. S. 70f.).
Obst Reife Pfirsiche, Bananen, Äpfel, Birnen, Papaya, Mango, Melone, Avocado.	Pflaumen, Nektarinen, Beeren, Kirschen, getrocknete Aprikosen, Guaven.	Zitrusfrüchte (achten Sie auf mögliche Reaktionen); weiteres Trockenobst; nach und nach immer mehr Früchte.
Gemüse Kartoffeln, Steckrüben, Karotten, Pastinaken, Süßkartoffeln, Kürbis.	Mais, Spinat, Erbsen, Blumenkohl, Kohlrabi, Zucchini, Brokkoli. Nach Verträglichkeit: Zwiebeln, Paprika, Pilze.	Erweitern Sie das Angebot an Gemüse, z. B. Zuckererbsen und Maiskölbchen.
Getreideprodukte Glutenfreie Cerealien wie Reisflocken, Hirse und Quinoa.	Alle Getreidesorten, wie Reis, Gerste, Hafer, Weizen – als Brot, Nudeln, Flocken, Couscous.	Erweitern Sie das Angebot an Getreideprodukten, einschließlich Naturreis, Dinkel, Vollkorn.
	Eiweiß Hähnchen, weißer fettreicher Fisch, gegarte Eier, Hülsenfrüchte, rotes Fleisch, Nussbutter, fein gemahlene Nüsse.	Erweitern Sie das Angebot an eiweißreichen Speisen mit verschiedenen Fleischsorten und neuen Fischsorten.
	Milchprodukte Pasteurisierter Hartkäse, Hütten- und Frischkäse, Vollfettjoghurt, Kuhmilch (zum Kochen und im Getreidebrei), Butter.	Pasteurisierter Weichkäse.

✷ **Erste Phase** – mit etwa 6 Monaten

Erste Kostproben

Der erste Brei markiert **einen großen Meilenstein für Ihr Baby**. Für Sie sind diese ersten Versuche spannend und anstrengend zugleich. Machen Sie sich beizeiten mit Zubehör und Zutaten **vertraut**, wählen Sie die Nahrungsmittel aus und gehen Sie es **langsam** an: Nehmen Sie sich Zeit, die Mahlzeiten zu planen und **sich auf das Tempo des Babys einzulassen**. Ihr Kind wird bald Freude an dem neuen Erlebnis finden und gespannt verschiedene Geschmacksreize **probieren**.

✤ Menüplaner auf Seite 56f.

Los geht's: Was Sie benötigen

Etwas Planung erleichtert die Einführung von Beikost; Sie werden erstaunt sein, wie wenig Zubehör Sie für die Zubereitung von Babybrei benötigen. Das meiste, was Sie für den Anfang brauchen, besitzen Sie sicher schon. Wenn Sie dazu noch einige wenige sinnvolle Gerätschaften kaufen, können Sie und Ihr Baby sich auf gesunde und entspannte Mahlzeiten freuen.

☆ Dampfgarer

Obst, Gemüse, Fisch und Geflügel lassen sich schnell und einfach zubereiten, wertvolle Nährstoffe bleiben weitgehend erhalten. Eine ideale Zubereitungsmethode für gesunde Babykost.

☆ Mikrowellen-Dampfgarer

Über ein Ventil im Deckel kann der Dampf aus dem Topf entweichen. Auf diese Weise lassen sich kleine Portionen Obst, Gemüse und Fisch schnell zubereiten und ihr Nährwert bleibt erhalten.

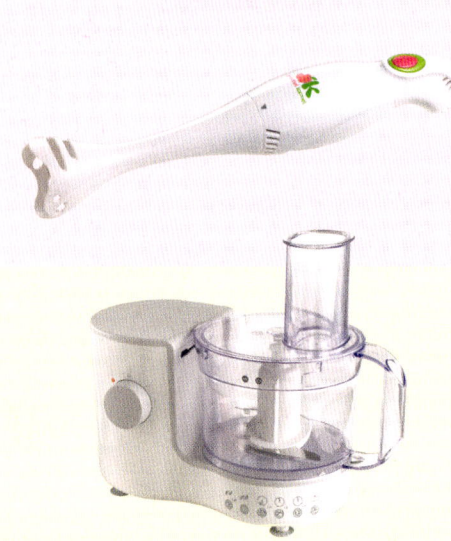

★ Elektrischer Stabmixer/Pürierstab

Damit können Sie kleine Breiportionen zubereiten sowie die Familienkost fürs Baby pürieren (und dann kleine Portionen einfrieren und bei Bedarf auftauen). Ein Pürierstab – möglichst mit verschiedenen Geschwindigkeiten – ist unverzichtbar, wenn Sie keinen Mixer haben.

★ Mixer/Küchenmaschine

Er ist ideal, wenn Sie größere Mengen Brei zum Einfrieren zubereiten wollen; manche Geräte verfügen über eine Minischüssel zur Verarbeitung kleiner Portionen. Wählen Sie einen Mixer mit verschiedenen Scheiben, um unterschiedliche Konsistenzen zubereiten zu können.

Legende ⭐ Unverzichtbar ☆ Praktisch

☆ Passiersieb (»Flotte Lotte«)

Ideal für Nahrungsmittel mit fester Schale, wie Erbsen oder Trockenobst; unverdauliche Bestandteile werden zurückgehalten. Auch Kartoffelbrei lässt sich so am besten zubereiten.

Kartoffelstampfer

Mit dem Kartoffelstampfer können Sie stückigere Kost zubereiten. Kaufen Sie ein »Mini-Modell«, mit dem sich kleine Mengen verarbeiten lassen.

Eiswürfelbehälter

Frieren Sie kleine Breimengen in Eiswürfelbehältern ein; bei Bedarf nehmen Sie ein oder zwei Portionen heraus und tauen sie auf. Praktisch sind flexible Behälter mit Deckel – und unterschiedliche Farben für verschiedene Breie.

Thermosflasche

In einer Thermosflasche mit weiter Öffnung bleiben Speisen mehrere Stunden lang warm – ideal zum Transport von Babykost. Sie können darin auch heißes Wasser mitnehmen, um die Breie anzuwärmen. Kaufen Sie eine Flasche, die mikrowellen- und spülmaschinengeeignet ist.

Lätzchen

Babys kleckern, egal wie umsichtig Sie sind. Kunststofflätzchen sind praktisch, vor allem wenn sie unten einen Rand haben, in dem der Brei aufgefangen wird. Das Lätzchen sollte bequem unter dem Kinn des Babys sitzen. Jüngere Babys mögen lieber weiche Baumwolllätzchen.

★ Hochstuhl

Wichtig ist, dass der Hochstuhl sich leicht
säubern lässt und einen 5-Punkte-Sicherheitsgurt
hat. Kleine Babys benötigen einen gepolsterten
Sitzeinsatz. Ist Ihr Baby noch zu klein für den
Hochsitz, setzen Sie es in den Autositz oder die
Wippe.

☆ Schmutzfangmatte

Unter dem Hochstuhl ausgelegt, schützt diese
Matte Teppich und Boden vor Flecken. Wählen Sie eine rutschfeste, schmutzabweisende,
abwaschbare Matte. Sie sollte möglichst groß
sein, da Ihr Baby mit zunehmendem Alter einen
größeren »Aktionsradius« hat.

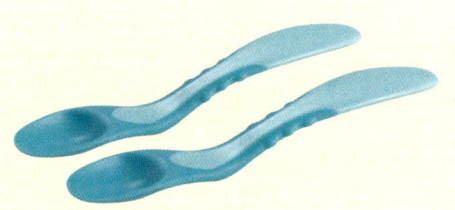

★ Breilöffel

Wählen Sie einen kleinen runden Kunststofflöffel
mit langem Griff, der den Gaumen des Babys
nicht verletzt und mühelos in seinen Mund passt.
Lassen Sie es von Anfang an auch selbst einen
Löffel halten und selber essen (s. S. 39).

★ Kleine Breischüsseln

Kleine Behälter – mit Deckel –, die Sie in einer
Hand halten können, sind ideal zum Einfrieren,
Aufbewahren und Aufwärmen von Speisen
und Sie können Ihr Baby daraus auch füttern
(s. S. 39). Achten Sie darauf, dass sie spülma-
schinenfest sind.

★ Trinklernbecher

Ab dem sechsten Monat sollten Getränke im
Becher angeboten werden. Spezielle Trinklern-
becher lassen sich stufenweise abwandeln – vom
Schnabeldeckel über einen geschlossenen Deckel
mit zwei Trinköffnungen für kontrollierte Fließ-
geschwindigkeit bis hin zum offenen Becher.
Wichtig sind abgerundete, gut fassbare Griffe.

Welche Nahrungsmittel soll ich verwenden?

Die Lebensmittel für Ihr Baby sollten so frisch wie möglich und frei von Zusatzstoffen sowie Salz oder Zucker sein. Verwenden Sie frische oder tiefgefrorene regionale Produkte – so bekommt das Baby immer alle wichtigen Nährstoffe.

Frisch oder tiefgefroren?

Frische Nahrungsmittel gelten als gesünder, doch viele Produkte werden noch vor der Reife geerntet, haben lange Transportwege und liegen längere Zeit im Supermarktregal.

Wenn Sie beim Bauern oder auf dem Wochenmarkt einkaufen können (oder im eigenen Garten ernten), ist frisch am besten.

Am zweitbesten ist jedoch Tiefkühlware. Sie wird oft schon Minuten nach der Ernte schockgefrostet und enthält den höchsten Anteil an Vitaminen.

Regional und saisonal

Produkte aus der Region haben kürzere Transportwege und enthalten daher mehr Nährstoffe. Das Einkaufen auf dem Bauernhof oder dem Wochenmarkt ist empfehlenswert. Oder bauen Sie eigenes Gemüse an. Regionale Produkte gibt es entsprechend der Saison. Obst und Gemüse der Jahreszeit ist günstiger, frischer und nährstoffreicher.

Roh oder gekocht?

Rohes Obst und Gemüse enthält mehr Nährstoffe als gekochtes. Je nach Art der Zubereitung wird über die Hälfte davon beim Kochen zerstört (s. S. 34).

Rohe Nahrungsmittel sind aber auch schwerer verdaulich. Forschungen zeigen, dass wir Nährstoffe aus gekochten Lebensmitteln leichter aufnehmen als aus rohen (z. B. bei Karotten und Tomaten). Manche weichen, frischen Nahrungsmittel (Mangos und Bananen) ergeben roh ein leckeres, nährstoffreiches Mus für das Baby. Bis Ihr Baby jedoch regelmäßig Beikost isst, sollten Sie ihm überwiegend gekochten Brei geben.

Lieber biologisch?

Bioprodukte, die ohne den Einsatz von Chemikalien und Pestiziden angebaut und verarbeitet werden, sind zwar für die Umwelt besser, aber es gibt wenig sichere Beweise dafür, dass sie nährstoffreicher sind als konventionelle Ware. Eltern, die Brei aus biologischen Zutaten selbst zubereiten, sagen manchmal, dass Bioprodukte süßer und aromatischer sind und das Baby sie daher lieber isst. Bioprodukte dürfen wegen der strengen Richtlinien allerdings nicht mit Eisen und Kalzium angereichert sein. Diese Stoffe sind für Babys im Wachstum wichtig.

Das beste Gemüse . . . Karotten

Gut geeignet für den Anfang

Reiner Gemüsebrei, verrührt mit etwas Muttermilch oder Säuglingsmilch, ist als erste Beikost ideal geeignet. Ihr Baby ist an den süßen Geschmack der Milch gewöhnt; wählen Sie daher anfangs süßlich schmeckendes Gemüse.

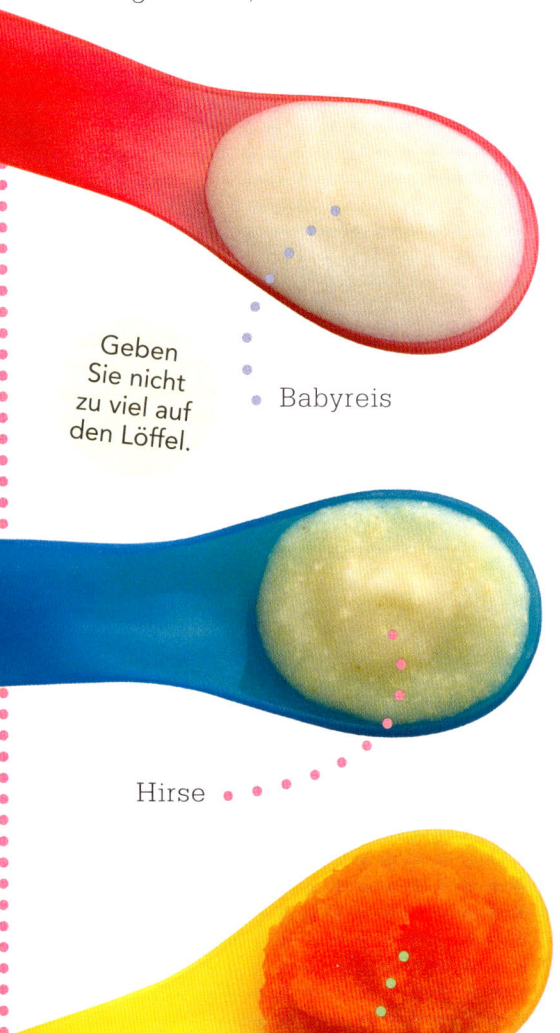

Geben Sie nicht zu viel auf den Löffel.

Babyreis

Hirse

Karotten

Sie können auch mit reinem Obstmus beginnen. Allerdings ist es besser, erst Gemüsebrei zu geben, da gewitzte Babys schnell herausfinden, dass Obst süßer schmeckt, und das Gemüse dann möglicherweise ablehnen.

Babyreis/Reisflocken

Angerührt mit Wasser, Muttermilch oder Säuglingsmilch schmecken Reisflocken süßlich und sind leicht verdaulich. Sie sind glutenfrei und allergenarm und daher gut zum Anreichern von Obst- und Gemüsebrei geeignet. Verzichten Sie vor dem siebten Monat unbedingt auf glutenhaltige Getreidesorten wie Weizen, Roggen und Gerste.

Hirse

Auch dieses glutenfreie Getreide ist als Anfangskost gut geeignet. Es hat einen milden, süßlichen, nussigen Geschmack und enthält B-Vitamine und etwas Vitamin E. Hirse ist reich an wichtigem Eisen. Sie lässt sich mit Obst und Gemüse mischen und später als Milchbrei zubereiten.

Karotten

Dank ihres süßlichen Geschmacks sind sie als Anfangskost bestens geeignet. Sie werden weich gekocht und püriert (s. S. 46). Orangefarbiges Wurzelgemüse ist reich an Betacarotin, das unverzichtbar ist für das Wachstum, eine gesunde Haut, ein gutes Sehvermögen und starke Knochen.

Kartoffeln Kürbis Süßkartoffeln

Kartoffel

Kartoffeln

Kartoffeln schmecken mild, sie enthalten viel Vitamin C und Kalium und sind als erste Beikost bestens geeignet. Sie werden geschält, klein geschnitten und mit Wasser bedeckt in 15 Minuten weich gekocht. Streichen Sie sie dann durch ein Passiersieb: Im Mixer zerfällt die Stärke, sodass eine zähe Masse entsteht. Sie können Kartoffeln auch im Ofen 1 bis 1 ¼ Stunden backen, das Fruchtfleisch herauslöffeln und mit etwas Mutter- oder Säuglingsmilch zerdrücken.

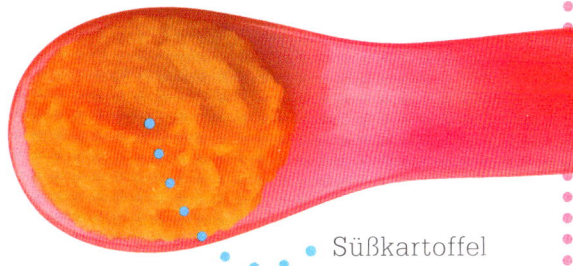

Süßkartoffel

Süßkartoffeln

Süßkartoffeln (s. S. 48) sind reich an Betacarotin und enthalten mehr Nährstoffe als normale Kartoffeln. Fast jedes Gemüse lässt sich mit Süßkartoffeln kombinieren.

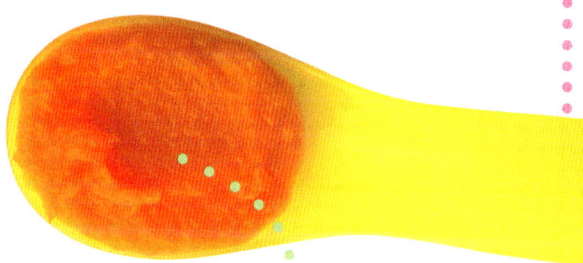

Butternusskürbis

Butternusskürbis

Ein weiteres farbenfrohes, mild schmeckendes Gemüse mit viel Betacarotin ist Butternusskürbis (s. S. 47). Kombinieren Sie ihn mit Apfel und Birne oder mit Reisflocken.

Buntes Gemüse besitzt viele Nährstoffe.

Hokkaidokürbis

Das süße orange Fruchtfleisch ist reich an Vitamin C und Betacarotin. Es wird geschält und kleingeschnitten, dann gekocht oder gedämpft. Sie können auch Stücke im Backofen garen (s. S. 47). Kürbispüree ist weich, lässt sich gut mit Obst, anderem Gemüse und Babyreis kombinieren und ist eine beliebte erste Beikost.

Hokkaidokürbis

Das beste Obst . . . Apfel Birne

Apfel

Apfel

Äpfel (s. S. 52) sind eine hervorragende Anfangs-kost, weil sie kaum jemals eine allergische Reak-tion verursachen und sehr fein püriert werden können. Sie enthalten viel Pektin, einen lösli-chen Ballaststoff, der die Verdauung fester Kost unterstützt.

Birne

Birnen (s. S. 52) enthalten ebenfalls Pektin. Sie sind reich an Vitamin C, Vitamin A und enthalten auch Vitamin B. Babys lieben ihren süßen, milden Geschmack. Birnen müssen vor dem Pürieren nur kurz gekocht werden; so bleiben die Nährstoffe erhalten. Ist das Mus zu dünnflüssig, können Sie es mit etwas Babyreis andicken.

Birne

> *Geben Sie erst Gemüsebrei, da gewitzte Babys schnell herausfinden, dass Obst süßer schmeckt, und das Gemüse ablehnen.*

Reife Früchte besit-zen Aroma und Nähr-stoffe.

Banane

Süße, reife Bananen (s. S. 54) sind eine perfekte »Fertigmahlzeit«, da sie kein Kochen erfordern. Zerdrücken Sie sie einfach mit einer Gabel zu weichem Mus. Ist es zu fest, geben Sie etwas Mutter- oder Säuglingsmilch bei. Bananen enthal-ten Vitamin C und den Mineralstoff Kalium, der die Muskelentwicklung fördert. Sie sind wahre Energiepakete mit drei gesunden natürlichen Zuckerarten: Kein anderes Obst enthält mehr leicht verdauliche Kohlenhydrate.

Banane

Banane **Papaya** Mango Avocado

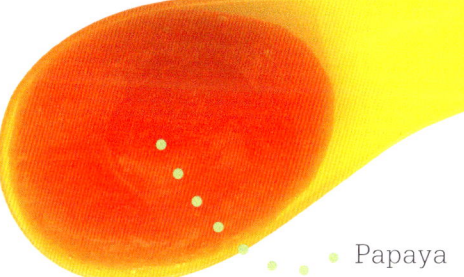

Papaya

Papaya

Auch Papayas (s. S. 54) können ungekocht püriert werden. Das hellorange Fruchtfleisch ist reich an Vitamin C und Betacarotin und enthält Ballaststoffe, Folsäure und Vitamin E. Damit ist die Papaya eine nährstoffreiche Anfangsnahrung. Die meisten Babys mögen den Geschmack. Das Enzym »Papain« unterstützt die Verdauung, andere wichtige Nährstoffe fördern ein gesundes Sehvermögen.

Mango

Mangos sind reich an Vitamin A, B und C und enthalten mehr Kalzium als andere Obstsorten sowie etwas Eisen. Wählen Sie reife Früchte. Halbieren Sie die Mango längs des Steins, schälen Sie sie, schneiden Sie das Fleisch in Würfel und pürieren Sie es mit dem Stabmixer. Mangos können mit Äpfeln, Birnen und anderem Obst zu einer exotischen Leckerei gemixt werden (s. S. 55).

Plaudern, lächeln, singen Sie – Essen macht Spaß!

Mango

Avocado

Avocados (s. S. 54) sind reich an gesunden einfach ungesättigten Fetten und hochwertigen Eiweißen, die Wachstum und Entwicklung Ihres Babys fördern. Sie enthalten zudem beinahe 20 Vitamine, Mineralstoffe und andere Pflanzenwirkstoffe, die zur gesunden Ernährung beitragen. Dank ihrer Nährstoffdichte und ihrer weichen Konsistenz sind sie ideal für Babys. Sie können sie einfach zerdrücken und Ihrem Baby pur oder gemischt mit seinem Lieblingsobst- oder Gemüsebrei geben. Avocadoscheiben sind später ein gern gegessenes Fingerfood.

Welche Konsistenz?

Der Anfangsbrei Ihres Babys sollte halbflüssig sein – etwa wie Joghurt ohne Bindemittel. Anfangs saugt es den Brei vom Löffel. Je flüssiger der Brei ist, umso leichter kann Ihr Baby ihn essen.

Die Mahlzeiten des Babys zubereiten

Es ist keineswegs kompliziert, für das Baby gesunde, nährstoffreiche Mahlzeiten zuzubereiten. Wenn Sie ein paar grundlegende Tipps beherzigen, gedeiht Ihr Kind prächtig dank Ihrer gesunden Kost.

Gesund kochen

Anfangs isst Ihr Baby nicht viel, daher sollten seine Breie so nährstoffreich wie möglich sein. Wählen Sie frische Produkte und bereiten Sie sie so zu, dass die Nährstoffe erhalten bleiben.

Dämpfen: Dabei bleiben Geschmack und Nährstoffe, insbesondere Vitamin B und C, am besten erhalten. Dämpfen Sie die Nahrungsmittel in einem Dampfeinsatz oder einem Sieb über kochendem Wasser oder in der Mikrowelle.

> *Anfangs isst Ihr Baby nicht viel, daher sollten seine Breie so nährstoffreich wie möglich sein.*

Mikrowelle: Studien haben gezeigt, dass das Dampfgaren in der Mikrowelle unbedenklich ist und die Nährstoffe weitgehend erhalten bleiben. Sie können dabei auch kleine Mengen zubereiten. Geben Sie das Obst oder Gemüse in ein mikrowellengeeignetes Geschirr (oder einen Mikrowellengarer), setzen Sie den Deckel auf (einen Spaltbreit offen lassen zum Entweichen des Dampfes) und garen Sie es auf höchster Stufe. Zum Verdünnen des Breis verwenden Sie das Kochwasser oder Mutter- bzw. Säuglingsmilch.
Kochen: Dabei werden dem Obst und Gemüse zwar viele Nährstoffe entzogen, doch manche Nahrungsmittel werden beim Dampfgaren nicht weich genug zum Pürieren. Nehmen Sie nur wenig Wasser und verwenden Sie die Kochflüssigkeit zum Verdünnen des Breis.
Backen oder Grillen: Wenn Sie im Backofen ein Gericht für die Familie zubereiten, geben Sie etwas Gemüse für Ihr Baby dazu. Kartoffeln, Kürbis und Süßkartoffeln werden dabei schön weich. Stechen Sie das Gemüse mit einer Gabel ein, löffeln Sie nach dem Backen das Fruchtfleisch heraus und pürieren es.

Küchenhygiene

Eine saubere Küche und die Benutzung verschiedener Schneidebretter und Messer für Fleisch und Obst/Gemüse sind wichtige Maßnahmen, um lebensmittelbedingte Erkrankungen zu vermeiden. Pürierte Speisen verderben besonders schnell und müssen sofort nach der Zubereitung verzehrt oder nach dem Abkühlen in den Kühlschrank gestellt werden, wo sie zwei bis drei Tage frisch bleiben. Gemüse- und Obstpüree kann eingefroren werden und hält sich dann mehrere Monate. Im Beikostalter steckt Ihr Baby sowieso alle Dinge in den Mund; daher brauchen Sie Löffel oder Schüsseln nicht zu sterilisieren. Spülen Sie sie aber in heißem Wasser oder der Spülmaschine. Flaschen und Sauger werden weiterhin sterilisiert. Warme Milch ist ein idealer Nährboden für Bakterien.

Babykost pürieren

Sobald Obst und Gemüse durchgegart sind, können Sie es in der Küchenmaschine oder mit dem Stabmixer pürieren. Kartoffeln sollten durch einen Durchschlag oder ein Passiersieb gestrichen werden (s. S. 31). Die erste Beikost muss dünnflüssig sein, etwa wie Joghurt. Verdünnen Sie den Brei mit ein wenig Mutter- oder Säuglingsmilch, etwas Kochflüssigkeit oder abgekochtem, abgekühltem Wasser.

Auf Vorrat kochen

Wenn Sie größere Mengen zubereiten, können Sie kleine Portionen davon in kleinen Schüsseln oder Eiswürfelbehältern einfrieren. Geben Sie beim Zubereiten der Familiengerichte eine zusätzliche Portion Obst oder Gemüse in den Topf. Backen Sie ein, zwei Kartoffeln zusätzlich oder dämpfen Sie ein paar Brokkoliröschen. Das Gemüse kann püriert, mit der Gabel zerdrückt und eingefroren werden. Sie können auch verschiedene Sorten kombinieren und sie nach dem Auftauen mischen, z. B. Apfel und Birne.

Einfrieren und Aufwärmen

Wenn Sie Babykost auf Vorrat einfrieren, haben Sie immer frische, nährstoffreiche Mahlzeiten für Ihr Kind parat. Pürieren Sie Obst und Gemüse nach dem Garen, decken Sie es ab und lassen Sie es vor dem Einfrieren abkühlen. Füllen Sie die Fiswürfelbehälter oder Töpfchen fast ganz mit dem Brei und stellen Sie sie bei –18 °C in die Tiefkühltruhe. Zum Auftauen nehmen Sie die Speise mehrere Stunden vor der Mahlzeit heraus, kochen sie nach dem Auftauen noch einmal auf und lassen sie vor dem Füttern abkühlen. Beim Erwärmen in der Mikrowelle rühren Sie den Brei gründlich durch und achten Sie auf »heiße Stellen«. Frieren Sie Speisen kein zweites Mal ein. Eine Ausnahme sind roh eingefrorene Lebensmittel wie Tiefkühlerbsen, die nach dem Kochen nochmals tiefgekühlt werden können.

Katrin fragt …

Ich kaufe für mein Baby lieber Gläschen mit Biokost, weil ich kaum Zeit zum Kochen habe. Hat es wirklich Vorteile, Babykost selbst zuzubereiten?

Es ist völlig in Ordnung, gelegentlich auf Gläschenkost zurückzugreifen, wenn man wenig Zeit hat. Denken Sie jedoch daran, dass dabei der Nährstoffgehalt beeinträchtigt ist, weil die Gläschen zur Haltbarmachung nochmals erhitzt werden. Gläschenkost hat in der Regel nicht die natürliche Süße und den Geschmack frischer Nahrungsmittel. Wenn Babys hauptsächlich aus Gläschen gefüttert werden, gewöhnen sie sich oft nur schwer an die Familienkost. Biologische Produkte enthalten keine künstlichen Zusatzstoffe, doch dies ist auch für konventionelle Babykost gesetzlich vorgeschrieben. Bioprodukte sind daher konventioneller Gläschenkost kaum überlegen.

Wenn Sie auf Vorrat kochen und bei der Zubereitung von Familienmahlzeiten etwas fürs Baby mitkochen, erfordert selbst gemachte Babynahrung nicht viel Zeitaufwand.

Der allererste Löffel Brei

Das erste Schmecken eines »echten« Nahrungsmittels ist ein großes Ereignis. Natürlich wollen Sie den passenden Zeitpunkt erwischen und dabei alles richtig machen. Aber nicht immer verläuft alles nach Plan. Manche Babys sind ganz wild auf diese ersten Kostproben, andere eher ein bisschen erschrocken.

Wo?

Am besten füttern Sie Ihr Baby immer am gleichen Platz; dann verbindet es diesen bald mit den Mahlzeiten. Vermutlich ist die Küche anfangs am günstigsten, da in den ersten Monaten – oder gar Jahren – bestimmt viel gekleckert wird.

Worin?

Wenn Ihr Baby gern in seiner Wippe sitzt, ist das perfekt. Auch der Autositz passt – in Sitzposition. Vielleicht haben Sie bereits einen Hochstuhl mit Sitzverkleinerer, in dem das kleine Baby sicher sitzt. Das erleichtert das Füttern. Mit der Zeit können Sie Fingerfood auf das Tablett legen; dann kann es selber essen. Vergessen Sie das Lätzchen nicht und decken Sie evtl. den Boden ab.

Geben Sie den ersten Brei besser nicht abends: Falls es Verdauungsprobleme gibt, würde der Schlaf gestört.

Wann?

Die Mittagsmahlzeit ist am besten geeignet, um den ersten Gemüsebrei zu geben. Geben Sie Ihrem Baby zuerst die Brust oder die Flasche, bis es nicht mehr so hungrig, aber auch noch nicht ganz satt ist, und bieten Sie ihm dann einen Löffel an. Mittags ist das Baby munter und bereit für neue Erfahrungen. Ist es unruhig oder quengelig, warten Sie noch einen Tag ab.

Wer sollte das Baby füttern?

Jeder, der Geduld hat und sich nach dem Tempo des Babys richtet, kann das kleine Baby füttern. Manche Kinder akzeptieren es besser, wenn der Vater die ersten Male mit dem Löffel füttert. Denn wenn das Baby Mamas Milch riechen kann, verweigert es vielleicht die neue Nahrung und will lieber die gewohnte Milch. Auch Flaschenbabys können unruhig werden, wenn die Mutter ihnen statt der warmen Milch den ungewohnten Brei anbietet.

Welche Nahrungsmittel?

Püree aus einer einzigen Sorte Wurzelgemüse, z. B. Karotte, verrührt mit etwas Milch, ist der ideale Anfangsbrei (s. S. 46). Wenn Sie stillen, verwenden Sie etwas abgepumpte Milch; wenn Sie die Flasche geben, etwas Säuglingsnahrung. Ihr Baby ist an den süßen Geschmack der Milch gewöhnt; alles Neue lehnt es vielleicht zunächst ab. Süßlich schmeckendes Gemüse erleichtert die Umstellung. Sie können auch mit einem Mus aus einer Obstsorte, z. B. Birne, beginnen. Aber Vorsicht: Ihr Kleines mag den süßen Geschmack bestimmt und es wird danach schwierig, es von etwas anderem zu überzeugen.

Die erste Mahlzeit

1 Sobald Ihr Baby zufrieden und bequem in seinem Hochstuhl sitzt, geben Sie etwas Brei auf die Spitze des Löffels und halten ihn vorsichtig an seine Lippen.

2 Wenn es den Mund öffnet, schieben Sie den Löffel ein kleines Stück hinein; warten Sie einen Moment, damit es sich an den neuen Geschmack gewöhnt.

3 Ziehen Sie den Löffel vorsichtig zurück und streichen Sie den Brei an Lippen und Gaumen ab. Vielleicht saugt es am Löffel oder drückt mit dem Gaumen darauf.

4 Bieten Sie nochmals einen Löffel Brei an. Seien Sie nicht überrascht, wenn das meiste wieder herauskommt! Nehmen Sie den Überschuss mit dem Löffel ab und versuchen Sie es nochmals.

Welche Konsistenz?

Wenn Sie dem Brei etwas von der gewohnten Milch zugeben, schmeckt er »vertrauter« und ist dünn genug. Am Anfang wird Ihr Baby den Brei eher vom Löffel »saugen«, als ihn mit den Lippen abzunehmen. Bevor es die Kunst beherrscht, Nahrung im Mund mit der Zunge weiterzubefördern, muss sie so flüssig sein, dass es sie einfach schlucken kann.

Wie viel?

Die ersten Breie sind nur Kostproben; Milch bleibt die hauptsächliche Nahrungsquelle Ihres Babys. In der ersten Woche reichen schon ein, zwei Esslöffel voll Brei aus; vielleicht mag es aber auch mehr oder weniger.

Wie oft?

Im Abstand von etwa vier Wochen wird jeweils eine Milchmahlzeit durch einen Brei ersetzt

Alles bereit. Bereiten Sie den ersten Brei Ihres Babys so zu, dass er dünnflüssig ist. Bieten Sie ihm pro »Mahlzeit« einfach ein paar Teelöffel voll an – machen Sie den Löffel nicht zu voll.

(s. S. 40). Sie können Ihrem Baby zwischendurch auch etwas zerdrückte Banane oder anderes Obstmus geben oder ihm bei der Familienmahlzeit Fingerfood anbieten (s. S. 56f.).

Welche Temperatur?

Erwärmen Sie den Brei in der Mikrowelle oder in einem kleinen Topf. Rühren Sie sorgfältig um, damit er gleichmäßig warm ist. Besonders beim Erwärmen in der Mikrowelle können sich »heiße Stellen« bilden. Körpertemperatur ist genau richtig. Testen Sie dies, indem Sie ein wenig Brei auf Ihr Handgelenk geben, wie Sie es mit der Flaschenmilch machen. Wenn Sie nichts spüren, ist die Temperatur perfekt.

Welcher Löffel?

Verwenden Sie einen schmalen, flachen Babylöffel. Am Anfang öffnet Ihr Baby den Mund vielleicht gar nicht; daher muss der Löffel so klein sein, dass Sie ihn hineinschieben können. Modelle aus Kunststoff oder Silikon sind ab vier Monaten geeignet und angenehmer als kalte Metalllöffel. Der Löffel sollte flach sein, damit das Baby den Brei gut heraussaugen kann. Sie können ihm auch selbst einen Löffel geben und damit von Anfang an das Selberessen fördern.

Welche Schüssel?

Sie sollten die Schüssel gut in der Hand halten können – Ihr Baby wird sicher danach greifen. In einer kleinen Schale lässt sich der Brei besser zusammenkratzen und bleibt länger warm. Sie können Ihrem Baby auch etwas in eine eigene Schüssel geben und es den Inhalt mit den Händen oder einem kleinen Löffel herausholen lassen. Das gibt eine ziemliche Manscherei! Praktisch ist eine Schüssel mit Saugnapf, die fest stehen bleibt.

Wie lange darf es dauern?

Lassen Sie Ihrem Baby in den ersten Tagen viel Zeit, sich einzugewöhnen. Vielleicht versteht es noch gar nicht, was von ihm erwartet wird. Es kann einige Zeit dauern, bis es begreift, dass auf dem Löffel etwas Essbares ist. Lassen Sie es aber gut sein, wenn Ihr Kind gelangweilt wirkt oder unruhig wird (maximal 30 Minuten für eine Mahlzeit). Die Mahlzeiten sollten Spaß machen; bei Anspannung hören Sie auf.

Und wenn es Beikost nicht mag?

Manche Babys brauchen mehrere Anläufe, bis sie Beikost akzeptieren. Es muss nicht der Brei sein, der nicht schmeckt – vielleicht ist einfach die Umstellung schwierig. Wenn es einen bestimmten Brei ablehnt, nehmen Sie ihn weg und versuchen Sie es nach einigen Tagen nochmals. Oft müssen Sie den gleichen Brei mehrmals anbieten, bis das Baby ihn akzeptiert.

Selbermachen. Geben Sie Ihrem Baby ruhig auch einen Löffel, damit es selber essen kann – oder darauf herumkauen.

Empfehlungen zur Ernährung im ersten Jahr

Zur Einführung von Beikost gibt es in Deutschland Empfehlungen des Deutschen Forschungsinstituts für Kinderernährung in Dortmund sowie der Deutschen Gesellschaft für Ernährung, die im Folgenden vorgestellt werden. Natürlich können Sie diese Richtlinien entsprechend den Bedürfnissen Ihres Babys bzw. Ihrer Familie abwandeln.

Ernährungsplan fürs erste Lebensjahr

Bis mindestens zum Ende des vierten Lebensmonats braucht das Baby nach Meinung der Experten ausschließlich Milch. Zwischen dem fünften und neunten Monat werden die Milchmahlzeiten nach und nach durch Beikost ersetzt.

✿ **Erster Gemüse- bzw. Gemüse-Kartoffel-Fleisch-Brei:** Zuerst erhält das Baby zur Mittagsmahlzeit einige Teelöffel fein püriertes Gemüse, z. B. Karottenmus. Anschließend bekommt es wie gewohnt Milch, bis es satt ist. Weitere geeignete Gemüsesorten sind z. B. Kürbis, Blumenkohl, Brokkoli, Kohlrabi, Süßkartoffel, Pastinake, Zucchini. Diesem Gemüse werden nach und nach zuerst Kartoffeln und etwas Keimöl zugegeben (100 g Gemüse, 50 g Kartoffeln, 1 Teelöffel Keimöl), nach etwa einer Woche auch etwa 20 g mageres Fleisch. Am Ende des ersten Beikostmonats sollte eine ganze Milchmahlzeit mittags durch diesen Brei ersetzt sein. Dieses »klassische« Grundrezept können Sie bald durch die Gemüse-, Fisch-, Fleisch- und Nudelrezepte in diesem Buch ergänzen bzw. ersetzen.

✿ **Vollmilch-Getreide-Brei:** Vier Wochen nach Einführung des Gemüsebreis wird abends eine Milchmahlzeit durch einen Vollmilch-Getreide-Brei (s. S. 80) ersetzt.

✿ **Milchfreier Getreide-Obst-Brei:** Etwa einen weiteren Monat später wird die nachmittägliche Milchmahlzeit durch einen Getreide-Obst-Brei ersetzt (s. S. 92).

✳ **Einführung von Müsli oder Brot als Frühstück:**
Etwa im zehnten Monat bekommt Ihr Baby auch
morgens nicht mehr nur Milch, sondern isst am
Frühstückstisch der Großen mit.

Wie verbindlich ist der Plan?

Für die Einführung von Beikost gibt es kein Patent-
rezept. In einigen Kulturen beginnt man mit Obst,
in anderen mit Getreide oder Gemüse. Sie können auch zuerst Obst geben oder dem Gemüse-
bzw. Obstmus Reis- oder Hirseflocken zusetzen.

Neue Nahrungsmittel einführen

Sofern keine Reaktionen auftreten, kann man alle
paar Tage, vielleicht auch jeden Tag, ein neues
Nahrungsmittel einführen – in den ersten Wochen
Gemüse- und Obstsorten und vielleicht Babyreis.
Wenn Ihr Baby einen Brei mag, notieren Sie dies
(s. S. 21) und geben Sie ihn weiterhin. Lehnt es
eine Speise ab, versuchen Sie es ein paar Tage
später nochmals oder mischen Sie sie mit Mutter-
oder Flaschenmilch.

Brust oder Flasche und Beikost

Der Nährstoffbedarf Ihres Babys wird noch viele
Monate lang hauptsächlich über das Milchtrinken
gedeckt, das ihm auch Trost spendet. Geben
Sie die Beikost zunächst im Verlauf einer Milchmahlzeit. Im ersten Lebensjahr brauchen Babys
mindestens 600 ml Milch am Tag.

Vorkochen. Wenn Sie Brei auf Vorrat kochen und ihn
einfrieren, haben Sie immer Babykost vorrätig.

Die Reaktion Ihres Babys

Es kommt durchaus vor, dass das Baby Ihren liebevoll zubereiteten Brei ablehnt und zum Schluss alles weggeschüttet werden muss. Doch für fast jedes Problem, das auftreten kann, gibt es auch eine Lösung. Wichtig ist, dass Sie nicht in Panik geraten und sich auf das Tempo Ihres Babys einlassen.

Mein Baby will immer noch mehr

Viele Eltern sehen dies positiv; doch wenn Sie befürchten, dass Ihr Baby zu viel isst oder zu stark zunimmt, wollen Sie es vielleicht nicht überfüttern. Die meisten Babys nehmen anfangs nur ein paar Teelöffel voll Brei, wobei manche mehr Appetit haben als andere. Achten Sie darauf, dass Ihr Baby genügend Milch bekommt – möglicherweise hat es aufgrund seines Wachstums einen erhöhten Milchbedarf.

Den Milchbedarf decken. Beachten Sie, dass Ihr Baby neben seinem Brei auch genügend Milch bekommt (etwa 600 ml).

Das Baby macht den Mund nicht auf

Überlegen Sie zunächst, ob Sie beim Füttern nervös sind. Sobald Ihr Baby merkt, dass seine verschlossenen Lippen bei Ihnen eine Reaktion bewirken, setzt es dieses »Spiel« fort. Lenken Sie es ab. Zeigen Sie ihm etwas an der Decke, damit sich sein Mund öffnet. Schieben Sie ein wenig Brei hinein und warten Sie, was passiert. Verweigert es den Löffel, geben Sie ein wenig Brei auf seine Lippen oder tauchen Sie Ihren sauberen Finger in den Brei und lassen ihn absaugen. Oder stellen Sie ihm selbst eine kleine Schüssel Brei hin, in den es seine Finger tauchen kann (was letztlich immer im Mund landet). Essen Sie selbst ein bisschen Brei – Ihr Baby macht es Ihnen bestimmt nach!

Protest beim Hinsetzen zum Füttern

Vielleicht lässt es sich von Papa oder einer anderen Bezugsperson füttern. Vor allem Stillbabys verbinden Mama mit dem geliebten Stillen – sie riechen die Muttermilch und werden unruhig, wenn sie sie nicht bekommen. Nehmen Sie Ihr Baby zum Füttern auf den Schoß, eng an Ihren Körper, damit es sich geborgen fühlt. Vielleicht müssen Sie mit dem Zufüttern einige Tage aussetzen. Manchmal hilft Ablenkung – Spiele, Spaß, Singen –, damit Ihr Kind die Mahlzeiten als angenehm erlebt. Zur Not geben Sie ein wenig Brei auf sein Tablett und lassen Sie es damit experimentieren. So entfällt der Druck.

Mein Baby lehnt Beikost nach den ersten Versuchen wieder ab

Es ist nicht ungewöhnlich, dass Babys während der Einführung von Beikost auch Rückschritte machen. Die Umstellung auf neue Nahrung ist ein enormer Entwicklungsschritt. Es fehlen die beruhigenden Milchmahlzeiten. Manche Babys brauchen dafür länger und verweigern sich. Sie vereinfachen den Prozess, wenn Sie nach dem Brei die gewohnte Milchmahlzeit geben. Dann weiß Ihr Baby, dass sein Saugbedürfnis weiterhin gestillt wird, und es wird bereitwilliger kooperieren. Bieten Sie weiterhin täglich ein neues Lebensmittel an, aber bleiben Sie ruhig, wenn es dieses ablehnt. Mit der Zeit wird es sich an die neue Routine gewöhnen und sich auf die Mahlzeiten freuen, besonders wenn sie fröhlich und ungezwungen sind und es für seine Mitarbeit gelobt wird.

" Für beinahe jedes Problem, das auftreten kann, gibt es eine Lösung. Wichtig ist, dass Sie nicht in Panik geraten und sich auf das Tempo Ihres Babys einlassen. "

Mein Baby mag den Brei, aber nicht den Löffel

Babys können Brei noch nicht mit der Zunge vom Löffel abnehmen; verwenden Sie daher einen flachen Löffel mit weicher Spitze (s. S. 28), damit es den Brei mit den Lippen absaugen kann. Geben Sie ihm einen eigenen Löffel zum Hantieren. Sie können auch etwas Brei mit einem Stück Brot aufstippen und Ihr Baby daran saugen lassen. Es schadet ebenfalls nicht, wenn es aus einer kleinen Schüssel selbst mit den Fingern essen darf.

Zuerst süßes Gemüse. Ihr Baby ist an den süßen Geschmack der Milch gewöhnt, daher ist es empfehlenswert, als erste Beikost süßlichen Gemüsebrei, wie Karottenmus, zu geben.

Es mag nur süßen Brei

Füttern Sie süßlich schmeckendes Gemüse wie Süßkartoffel oder Frühkarotten. Beginnen Sie eine Mahlzeit immer mit Gemüsebrei, nicht mit Obstmus. Sobald es eine Breisorte akzeptiert hat, mischen Sie Obst und Gemüse und reduzieren Sie nach und nach den Obstanteil.

Mein Baby vermisst die Intimität des Stillens

Vielen Babys fällt der Verzicht aufs Stillen schwer. Es überrascht nicht, dass ein Löffel mit mysteriösem Inhalt wenig Begeisterung hervorruft. Nehmen Sie Ihr Baby auf Ihren Schoß, an sich geschmiegt. Am Anfang kann es helfen, ein wenig abgepumpte Milch vom Löffel zu füttern. Dann geben Sie schrittweise etwas Gemüse- oder Obstbrei dazu.

Fingerfood anbieten

Fingerfood ist ein großartiger Beitrag zu einer gesunden Ernährung Ihres Babys. Sie können es anbieten, sobald es verschiedenes Obst und Gemüse kennt. Im Umgang mit Fingerfood entwickelt Ihr Baby Fähigkeiten, die es zum Selberessen braucht; es lernt kauen und testet neue Geschmacksrichtungen und Konsistenzen gemäß seinem eigenen Tempo.

Die Umstellung von Milch auf Beikost stellt für viele Babys eine große Herausforderung dar. Ich selber gewöhne Babys lieber zunächst mit Brei an verschiedene Geschmacksrichtungen und gebe ihnen erst dann Fingerfood. Den Brei kann das Baby besser essen und er ist leichter verdaulich. Sobald Ihr Baby sich an den Brei gewöhnt hat, ist es Zeit, auch Fingerfood anzubieten. Verträgt es ein neues Nahrungsmittel als Brei, können Sie dieses in Streifen oder Würfel schneiden, an denen es saugen kann, die es in Brei tunken oder mit denen es spielen kann.

Auf diese Weise nimmt es später auch Kost mit größeren Stücken leichter an. Wählen Sie zunächst weiche Lebensmittel, die es mit dem Zahnfleisch zerdrücken kann und die im Mund zergehen, danach Nahrungsmittel, die mehr Kauarbeit erfordern (s. S. 66). Lassen Sie es beim Essen nie aus den Augen. Es besteht immer die Gefahr, dass es sich verschluckt (s. S. 68).

Fingerfood für die erste Phase

Je nachdem, wie gut Ihr Baby beißen und kauen kann, ist folgendes Fingerfood für den Anfang ideal. Wichtig ist, dass es die Nahrungsmittel als Brei bereits verträgt. Die Stücke sollten so groß sein, dass Ihr Baby sie halten kann. Beobachten Sie es beim Essen immer genau.

🌸 Kleine Reiswaffeln.

🌸 Weich gedämpftes Gemüse, wie Karottenstreifen und kleine Brokkoliröschen.

🌸 Stücke von gedämpftem Obst, wie Apfel und Birne (geben Sie kein hartes, rohes Obst, bevor Ihr Baby beißen und kauen kann).

🌸 Handgroße Stücke von sehr weichem, reifen Obst, wie Avocado oder Banane.

🌸 Babysnacks, die im Munde zergehen, wie Dinkelstangen.

Sich vom Baby leiten lassen

Manche Eltern überspringen die Breiphase und entscheiden sich für ein sogenanntes »babygeführtes Abstillen bzw. Entwöhnen«. Dabei isst das Baby von Anfang an selbst, die Eltern bieten ihm einfach verschiedenes nahrhaftes Fingerfood an; das Baby nimmt gleich an den Familienmahlzeiten teil, ungeachtet seiner Fähigkeiten zu beißen oder zu kauen. Ich habe dabei die Sorge, dass Babys sich verschlucken könnten (lassen Sie Ihr Kind niemals vor oder während der Mahlzeiten allein). Zudem ist die Hand-Augen-Koordination kleiner Babys nicht so weit entwickelt, dass sie bedarfsgerecht selber essen können. Ich glaube daher, dass sie nicht genügend verschiedene Nahrungsmittel zu sich nehmen, wie sie ihr Körper für ein gesundes Wachstum benötigt.

Max und Jacob, 6 Monate

Mit sieben Monaten bekam Jacob plötzlich eine Abneigung gegen Mahlzeiten. Er begann zu schreien, sobald er den Hochstuhl sah. Also fingen wir nochmals neu an. Wir setzten ihn in die Wippe und ich gab ihm auf einem Löffel etwas Brei. Er saugte ihn herunter. Er kaute auch gerne auf einer Reiswaffel. Nach ein paar Tagen konnte ich ihm einen Löffel voll Karottenbrei in den Mund schieben, den er nicht ausspuckte! Eine Woche später wirkte er ruhiger beim Essen und wir setzten ihn wieder in den Hochstuhl. Mit lauter Leckereien auf dem Tablett und einigen Löffeln zum Spielen merkte er kaum, dass er aß! Entscheidend ist wohl, dass die Mahlzeiten entspannt und locker sind.

Erster Gemüsebrei: Karottenbrei

Karotten sind die ideale erste Beikost: Sie haben viele Nährstoffe, eine milde Süße und ergeben einen weichen Brei. Auf diese Weise können Sie auch anderes Wurzelgemüse, wie Süßkartoffeln, Kohlrüben und Pastinaken, zubereiten.

✹ Ergibt 4 Portionen ✹ Geeignet ab 17 Wochen ✹ Vorbereitungszeit: 5 Minuten ✹ Garzeit: 15 – 20 Minuten ✹ Zum Einfrieren geeignet ✹ Enthält Betacarotin, Vitamin C, Folsäure, Ballaststoffe

Zutaten:
2 mittelgroße Karotten, geschält, gewürfelt oder in Scheiben geschnitten
Etwas Mutter- oder Säuglingsmilch (nach Wunsch)

Zubereitung:
1 Die Karotten in einen Dampfgarer geben und in etwa 15 – 20 Minuten weich garen.

2 Die Karotten unter Zugabe von etwas Kochwasser oder von Mutter- oder Säuglingsmilch im Mixer oder mit einem Pürierstab in einer Schüssel zu einem feinen Brei pürieren. Der erste Brei sollte sehr dünnflüssig sein, damit das Baby ihn gut schlucken kann.

3 In Einzelportionen einfrieren. Bei Bedarf über Nacht im Kühlschrank oder 1 – 2 Stunden bei Zimmertemperatur auftauen lassen, dann in der Mikrowelle oder einem kleinen Topf erwärmen und kurz aufkochen. Umrühren und vor dem Füttern abkühlen lassen.

Variation:
Sie können die Karotten auch in einen Topf geben, mit kochendem Wasser bedecken und zum Kochen bringen. Die Temperatur herunterschalten, den Deckel aufsetzen und etwa 15 Minuten köcheln lassen. Fein pürieren und etwas Kochflüssigkeit oder Mutter- oder Säuglingsmilch zugeben, bis der Brei die richtige Konsistenz hat.

Gebackener Kürbis

Beim Backen entfaltet Wurzelgemüse seine natürliche Süße und sein Aroma. Kürbis ist als erste Beikost gut geeignet; er ist leicht verdaulich und mild.

✳ Ergibt 6–8 Portionen ✳ Geeignet ab 17 Wochen ✳ Vorbereitungszeit: 5 Minuten ✳ Garzeit: 1 Stunde ✳ Zum Einfrieren geeignet ✳ Enthält Betacarotin, Vitamin C, Vitamin E, Ballaststoffe

Zutaten:
1 kleiner Butternusskürbis oder ½ Hokkaidokürbis (etwa 700 g)
Etwas Muttermilch oder Säuglingsmilch

Zubereitung:
1 Backofen auf 180 °C (Umluft 160 °C) vorheizen.

2 Den Butternusskürbis halbieren, Kerne und Fasern herausschaben. Den Kürbis mit der Schnittseite nach unten in eine flache, feuerfeste Form geben und etwa 1 cm hoch Wasser angießen. In etwa 1 Stunde weich backen.

3 Aus dem Ofen nehmen und abkühlen lassen. Das Fruchtfleisch herauslöffeln und fein pürieren. Mit etwas Mutter- oder Säuglingsmilch verdünnen.

4 In Einzelportionen einfrieren. Bei Bedarf auftauen lassen, dann entsprechend erwärmen und kurz aufkochen. Umrühren und vor dem Füttern abkühlen lassen.

Variation:
Sie können Kürbis auch dämpfen. Dazu das fein gewürfelte Fruchtfleisch im Dampfgarer 12–15 Minuten garen und anschließend pürieren.

Erster Gemüse-Kartoffel-Brei

Sobald Ihr Baby sich an erstes mildes Gemüse gewöhnt hat, kombinieren Sie es mit Kartoffeln und etwas Fett. Hier das »klassische« Anfangsrezept:

✳ Ergibt 1 Portion ✳ Geeignet ab 17 Wochen ✳ Vorbereitungszeit: 5 Minuten ✳ Garzeit: 15–20 Minuten ✳ Zum Einfrieren geeignet ✳ Enthält Betacarotin, Vitamin C, Folsäure, Ballaststoffe

Zutaten:
1 ungeschälte Kartoffel, etwa 50 g
100 g Karotten, geschält und klein geschnitten
1 EL Sonnenblumen-, Raps- oder Keimöl

Zubereitung:
1 Kartoffel 15–20 Minuten in Wasser garen.

2 Karotten in Wasser etwa 15 Minuten garen.

3 Kartoffel pellen und zerdrücken, Karotte mit dem Pürierstab zerkleinern. Beides vermengen. Öl zugeben. Wenn nötig, mit etwas Kochwasser verdünnen.

Gebackene Süßkartoffel

Süßkartoffeln sind eine ausgezeichnete Betacarotin- und Nährstoffquelle. Im Unterschied zu Kartoffeln lassen sie sich zerdrücken oder pürieren, ohne zäh zu werden. Sie sind zum Einfrieren geeignet.

✳ Ergibt 6 Portionen ✳ Geeignet ab 17 Wochen ✳ Vorbereitungszeit: 3 Minuten ✳ Garzeit: 1 Stunde
✳ Zum Einfrieren geeignet ✳ Enthält Betacarotin, Vitamin C, Vitamin E, Ballaststoffe

Zutaten:

2 kleine Süßkartoffeln (insgesamt etwa 500 g)
Etwas Mutter- oder Säuglingsmilch (nach Wunsch)

Zubereitung:

1 Den Backofen auf 200 °C (Umluft 180 °C) vorheizen.

2 Die Süßkartoffeln abbürsten und mit einer Gabel einstechen. Auf ein Backblech legen und etwa eine Stunde backen, bis sie schrumpelig und weich sind.

3 Aus dem Backofen nehmen, halbieren, das Fleisch herauslöffeln und im Mixer oder mit einem Pürierstab in einer Schüssel pürieren. Den Brei nach Wunsch mit etwas Mutter- oder Säuglingsmilch verdünnen.

4 In Einzelportionen einfrieren. Bei Bedarf über Nacht im Kühlschrank oder 1–2 Stunden bei Zimmertemperatur auftauen lassen, dann in der Mikrowelle oder einem kleinen Topf erwärmen und kurz aufkochen. Umrühren und vor dem Füttern abkühlen lassen.

Variation: Gebackene Süßkartoffel mit Butternusskürbis

Besonders nährstoffreich ist ein Brei aus gebackener Süßkartoffel und gebackenem Butternusskürbis. Das Backblech mit Alufolie auslegen. Würfel von Kürbis und Süßkartoffel darauf verteilen. Für Babys unter sechs Monaten das Gemüse nach Wunsch mit etwas Sonnenblumenöl bepinseln. Für Babys über sechs Monate das Gemüse mit Butterflöckchen belegen und mit etwas Wasser benetzen. Mit einer weiteren Lage Alufolie abdecken und die Ränder der beiden Folienstücke zusammendrücken, sodass eine Art »Paket« entsteht. Etwa 30 Minuten backen. Das Gemüse etwas abkühlen lassen, dann einschließlich der ausgetretenen Flüssigkeit im Mixer pürieren. Auf Wunsch den Brei mit etwas Mutter- oder Säuglingsmilch verdünnen.

Portionsgrößen

Machen Sie sich nicht zu viele Gedanken über die Menge an Beikost, die Ihr Baby isst. Solange Sie ihm regelmäßig verschiedene frische, nährstoffreiche Speisen anbieten, verläuft alles bestens. Ihr Kleines hat an manchen Tagen mehr Appetit als an anderen. Lassen Sie sich von seinem Tempo leiten und richten Sie sich nach seinem Interesse und seinem Appetit.

Trio aus Wurzelgemüse

Für dieses Rezept ist jedes Wurzelgemüse bestens geeignet. Wurzelgemüse lässt sich fein pürieren und hat einen milden Geschmack, den Babys mögen.

✸ Ergibt 5 Portionen ✸ Geeignet ab 17 Wochen ✸ Vorbereitungszeit: 10 Minuten ✸ Garzeit: 20 Minuten ✸ Zum Einfrieren geeignet ✸ Enthält Betacarotin, Vitamin C, Vitamin E, Ballaststoffe

Zutaten:
1 große Karotte, geschält und gewürfelt
1 kleine Süßkartoffel (etwa 250 g), geschält und
gewürfelt
1 kleine Pastinake, geschält und gewürfelt
Etwas Mutter- oder Säuglingsmilch (nach Wunsch)

Zubereitung:
1 Das Gemüse im Dampfgarer etwa 20 Minuten garen.

2 Im Mixer oder mit einem Pürierstab in einer Schüssel zusammen mit etwas Kochflüssigkeit oder Mutter- oder Säuglingsmilch pürieren.

3 In Einzelportionen einfrieren. Bei Bedarf über Nacht im Kühlschrank oder 1–2 Stunden bei Zimmertemperatur auftauen lassen, dann in der Mikrowelle oder einem kleinen Topf erwärmen und kurz aufkochen. Umrühren und vor dem Füttern abkühlen lassen.

Variation:
Sie können das Gemüse auch kochen. Dazu das Gemüse in einen Topf geben und mit kochendem Wasser bedecken. Zum Kochen bringen, die Temperatur herunterschalten und 18–20 Minuten garen. Pürieren wie oben beschrieben.

Karotten-Apfel-Süßkartoffel-Brei

Die Kombination von Gemüse mit Obst ist ein leckerer Geschmacksreiz für Ihr Baby. Wohl alle Babys mögen Süßes; Stillbabys, die an die natürliche Süße der Muttermilch gewöhnt sind, werden begeistert sein!

★ Ergibt 4 Portionen ★ Geeignet ab 17 Wochen ★ Vorbereitungszeit: 8 Minuten ★ Garzeit: 14 Minuten ★ Zum Einfrieren geeignet ★ Enthält Betacarotin, Vitamin C, Vitamin E, Eisen, Ballaststoffe

Zutaten:

1 mittelgroße Karotte, geschält und gewürfelt
1 kleiner süßer Speiseapfel (z. B. Pink Lady oder Gala), geschält, entkernt und in kleine Stücke geschnitten
1 kleine Süßkartoffel (etwa 250 g), geschält und gewürfelt
Etwas Mutter- oder Säuglingsmilch (nach Wunsch)

Zubereitung:

1 Karotte und Süßkartoffel 8 Minuten dünsten. Den Apfel dazugeben und weitere 6 Minuten dünsten.

2 Im Mixer oder mit einem Pürierstab in einer Schüssel pürieren, nach Wunsch etwas Kochflüssigkeit oder Mutter- oder Säuglingsmilch zum Verdünnen zugeben.

3 In Einzelportionen einfrieren. Bei Bedarf über Nacht im Kühlschrank oder 1–2 Stunden bei Zimmertemperatur auftauen lassen, dann in der Mikrowelle oder einem kleinen Topf erwärmen und kurz aufkochen. Umrühren und vor dem Füttern abkühlen lassen.

Butternusskürbis-Apfel-Mus

Der süße Geschmack von Butternusskürbis passt hervorragend zu fruchtigen Äpfeln und schmeckt selbst sehr wählerischen Babys.

✳ Ergibt 4 Portionen ✳ Geeignet ab 17 Wochen ✳ Vorbereitungszeit: 10 Minuten
✳ Garzeit: 12 Minuten ✳ Zum Einfrieren geeignet ✳ Enthält Betacarotin, Vitamin C, Ballaststoffe

Zutaten:
½ kleiner Butternusskürbis, geschält und
  gewürfelt (etwa 350 g)
1 süßer Speiseapfel (z. B. Pink Lady oder Gala),
  geschält, entkernt und in Stücke geschnitten

Zubereitung:
1 Den Butternusskürbis 6 Minuten dünsten. Apfelstücke zugeben und weitere 6 Minuten garen, bis Obst und Gemüse weich sind.

2 Butternusskürbis und Apfelstücke im Mixer oder mit dem Pürierstab in einer Schüssel zusammen mit zwei Esslöffeln Kochflüssigkeit pürieren.

3 In Einzelportionen einfrieren. Bei Bedarf über Nacht im Kühlschrank oder 1–2 Stunden bei Zimmertemperatur auftauen lassen, dann in der Mikrowelle oder einem kleinen Topf erwärmen und kurz aufkochen. Umrühren und vor dem Füttern abkühlen lassen.

Butternusskürbis-Birnen-Brei

Die natürliche Süße von Birnen passt gut zu jedem Gemüsebrei. Dieser Brei steckt voller Nährstoffe und ist daher ideal als Anfangskost für Ihr Kleines.

✳ Ergibt 4 Portionen ✳ Geeignet ab 17 Wochen ✳ Vorbereitungszeit: 10 Minuten
✳ Garzeit: 12 Minuten ✳ Zum Einfrieren geeignet ✳ Enthält Betacarotin, Vitamin C, Ballaststoffe

Zutaten:
½ kleiner Butternusskürbis, geschält und
  gewürfelt (etwa 350 g)
1 mittelgroße reife Birne, geschält und in Stücke
  geschnitten

Zubereitung:
1 Den Butternusskürbis 8 Minuten garen. Birne zugeben und weitere 2–4 Minuten dünsten, je nach Reifegrad der Birne.

2 Im Mixer oder mit dem Pürierstab in einer Schüssel pürieren. Eine Zugabe von Flüssigkeit ist vermutlich nicht erforderlich; ist der Brei zu fest, ein oder zwei Esslöffel Kochflüssigkeit zugeben.

3 In Einzelportionen einfrieren. Bei Bedarf auftauen lassen, dann in der Mikrowelle oder einem kleinen Topf erwärmen und kurz aufkochen. Den Brei umrühren und vor dem Füttern abkühlen lassen.

Apfelmus

Äpfel sind als frühe Beikost ideal, da sie leicht verdaulich sind und sehr selten Allergien auslösen. Besonders geschmackvoll werden Äpfel, wenn Sie während des Garvorgangs eine kleine Zimtstange zugeben.

✳ Ergibt 4 Portionen ✳ Geeignet ab 17 Wochen ✳ Vorbereitungszeit: 5 Minuten
✳ Garzeit: 6–8 Minuten ✳ Zum Einfrieren geeignet ✳ Enthält Vitamin C, Ballaststoffe

Zutaten:

2 süße Tafeläpfel (z. B. Pink Lady oder Gala),
   geschält, halbiert und entkernt
60–75 ml (4–5 Esslöffel) Wasser

Zubereitung:

1 Die halbierten Äpfel würfeln und mit dem Wasser in einen Topf mit schwerem Boden geben. Zugedeckt bei schwacher Hitze in 6–8 Minuten weich kochen.

2 Im Mixer oder mit einem Pürierstab in einer Schüssel pürieren oder mit einem Kochlöffel glatt rühren. In Einzelportionen einfrieren und wie Birnenmus (s. unten) auftauen.

Variation:

Sie können die Äpfel auch 7–8 Minuten dämpfen und dann pürieren – dabei etwas Kochwasser oder reinen Apfelsaft zugeben, bis die gewünschte Konsistenz erreicht ist.

Birnenmus

Birnen sind wunderbar süß und lassen sich schon für kleine Babys einfach zubereiten. Ist das Mus zu dünnflüssig, dicken Sie es mit Reisflocken an.

✳ Ergibt 4 Portionen ✳ Geeignet ab 17 Wochen ✳ Vorbereitungszeit: 2 Minuten
✳ Garzeit: 4–6 Minuten ✳ Zum Einfrieren geeignet ✳ Enthält Vitamin C, Ballaststoffe

Zutaten:

2 große oder 4 kleine reife Birnen, entkernt und in
   Viertel geschnitten

Zubereitung:

1 Die Birnen in einen Dampfgarer geben, je nach Reifegrad zugedeckt 4–6 Minuten garen. Herausnehmen und abkühlen lassen, dann schälen.

2 Im Mixer oder in einer Schüssel mit dem Stabmixer pürieren oder mit einer Gabel zerdrücken.

3 In Einzelportionen einfrieren. Bei Bedarf über Nacht im Kühlschrank oder 1–2 Stunden bei Zimmertemperatur auftauen lassen.

Vorausplanen. Wenn Sie eine größere Menge Apfelmus zubereiten und das Mus portionsweise in einem Eiswürfelbehälter einfrieren, sparen Sie wertvolle Kochzeit.

Babykost ohne Kochen

Viele Breie lassen sich ohne Kochen zubereiten. Diese Obstsorten sind sehr nährstoffreich und schnell verarbeitet. Die Menge ergibt jeweils eine Portion. Am besten frisch verzehren; Papayamus können Sie auch einfrieren.

Banane

✳ Geeignet ab 17 Wochen   ✳ Enthält Vitamin C, B-Vitamine, Kalium, Ballaststoffe

½ kleine reife Banane
Etwas Mutter- oder Säuglingsmilch (nach Wunsch)

Zerdrücken Sie die Banane einfach mit einer Gabel. Ist das Mus zu fest, können Sie es mit etwas Mutter- oder Säuglingsmilch verflüssigen.

Avocado

✳ Geeignet ab 17 Wochen   ✳ Enthält Vitamin C, Kalium, Folsäure, essenzielle Fettsäuren, Ballaststoffe

½ kleine reife Avocado
Etwas Mutter- oder Säuglingsmilch

Halbieren Sie die Avocado und entfernen Sie den Stein. Löffeln Sie das Fleisch heraus, geben Sie es in eine Schüssel und zerdrücken Sie es mit etwas Mutter- oder Babymilch.

Variation: Avocado und Banane

Eine beliebte, sehr nährstoffreiche Kombination ist Avocado-Bananen-Mus. Geben Sie die geschnittene Banane und das Avocadofleisch in eine Schüssel und zerdrücken Sie beides mit einer Gabel.

Papaya

✳ Geeignet ab 17 Wochen   ✳ Enthält Betacarotin, Vitamin C, Vitamin E, Folsäure, Ballaststoffe

½ kleine reife Papaya

Halbieren Sie eine kleine Papaya und entfernen Sie die schwarzen Kerne. Löffeln Sie das Fruchtfleisch in eine Schüssel und zerdrücken Sie es mit einer Gabel zu einem weichen Mus.

Pfirsich und Banane

✳ Geeignet ab 17 Wochen   ✳ Enthält Betacarotin, Vitamin C, Kalium, Ballaststoffe

1 großer reifer Pfirsich
1 kleine reife Banane, in Scheiben geschnitten
Reisflocken (nach Wunsch)

Schälen Sie den Pfirsich (s. Tipp S. 77), schneiden Sie das Fruchtfleisch vom Kern und zerdrücken Sie es zusammen mit den Bananenscheiben mit einer Gabel oder pürieren Sie es mit dem Stabmixer. Nach Wunsch können Sie das Obst in einen kleinen Topf geben und vor dem Pürieren 1–2 Minuten dünsten. Das Mus pur oder mit Reisflocken angedickt servieren.

Variationen von Mangomus

Wenn süße reife Mangos Saison haben, sind sie eine wunderbare Babykost und müssen nicht einmal gekocht werden. Sie sind reich an Betacarotin und Vitamin C. Jedes Rezept ergibt zwei Portionen und ist in wenigen Minuten zubereitet. Außer Mango-Bananen-Mus sind alle Pürees zum Einfrieren geeignet.

Mangomus

✶ Geeignet ab 17 Wochen ✶ Enthält Betacarotin, Vitamin C, Vitamin E, Ballaststoffe

½ mittelgroße reife Mango

Die halbe Mango schälen und das Fruchtfleisch vom Stein schneiden; es sollte etwa 115 g Mangofruchtfleisch ergeben. Im Mixer oder in einer Schüssel mit dem Stabmixer pürieren oder mit einer Gabel fein zerdrücken.

Cremiges Mangomus

✶ Geeignet ab 17 Wochen ✶ Enthält Betacarotin, Vitamin C, Vitamin E, Kalzium, Ballaststoffe

½ kleine reife Mango
2 EL Mutter- oder Säuglingsmilch

Die Mango wie oben beschrieben vorbereiten. In eine Schüssel geben und mit dem Stabmixer oder mit einer Gabel zu einem Brei verarbeiten, dann die Milch unterrühren.

Mango und Banane

✶ Geeignet ab 17 Wochen ✶ Enthält Betacarotin, Vitamin C, Kalium, Ballaststoffe

½ kleine reife Mango
½ kleine Banane

Mango wie beim Mangomus (s. links) vorbereiten. Die Banane in Scheiben schneiden. Beides im Mixer oder mit dem Stabmixer pürieren oder mit einer Gabel zu einem feinen Mus zerdrücken.

Mango und Apfel

✶ Geeignet ab 17 Wochen ✶ Enthält Betacarotin, Vitamin C, Vitamin E, Ballaststoffe

½ kleine reife Mango
2 EL Apfelmus (s. S. 52)

Die Mango wie beim Mangomus vorbereiten (s. links) und in eine Schüssel geben. Das Mangofruchtfleisch mit einem Stabmixer pürieren oder mit einer Gabel zerdrücken und mit dem Apfelmus verrühren.

Menüplaner: Erste Kostproben

Diese Menüplaner sind lediglich als Orientierungshilfe gedacht. Sie können Ihrem Baby anfangs auch an zwei, drei aufeinanderfolgenden Tagen den gleichen Brei geben – vor allem, wenn es allergiegefährdet ist. Außerdem brauchen manche Babys nachts noch eine zusätzliche Milchmahlzeit.

Tag	1. Frühstück	2. Frühstück	Mittagessen	Nachmittag	Abend
1	Brust/Flasche	Brust/Flasche	Karottenbrei Brust/Flasche	Brust/Flasche	Brust/Flasche
2	Brust/Flasche	Brust/Flasche	Karottenbrei Brust/Flasche	Brust/Flasche	Brust/Flasche
3	Brust/Flasche	Brust/Flasche	Gebackener Hokkaidokürbis Brust/Flasche	Brust/Flasche	Brust/Flasche
4	Brust/Flasche	Brust/Flasche	Karottenbrei Brust/Flasche	Brust/Flasche	Brust/Flasche
5	Brust/Flasche	Brust/Flasche	Gebackene Süßkartoffel Brust/Flasche	Brust/Flasche	Brust/Flasche
6	Brust/Flasche	Brust/Flasche	Gebackener Hokkaidokürbis Brust/Flasche	Brust/Flasche	Brust/Flasche
7	Brust/Flasche	Brust/Flasche	Gebackener Butternusskürbis Brust/Flasche	Brust/Flasche	Brust/Flasche

Menüplaner: Die zweite Woche

Jedes Baby ist anders, also lassen Sie sich beim Zufüttern von Ihrem Baby leiten. Wenn es sich an kleine Portionen mildes Gemüse gewöhnt hat, geben Sie ihm klassischen Gemüse-Kartoffel-Brei bzw. neue Gemüsevariationen. Auch ein wenig Obstmus zum Nachtisch schmeckt ihm nun.

Tag	1. Frühstück	2. Frühstück	Mittagessen	Nachmittag	Abend
1	Brust/Flasche	Brust/Flasche	Gemüse-Kartoffel-Brei Brust/Flasche	Brust/Flasche	Brust/Flasche
2	Brust/Flasche	Brust/Flasche	Gemüse-Kartoffel-Brei Brust/Flasche	Brust/Flasche	Brust/Flasche
3	Brust/Flasche	Brust/Flasche	Butternusskürbis-Apfel-Mus Brust/Flasche	Brust/Flasche	Brust/Flasche
4	Brust/Flasche	Brust/Flasche	Karotten-Apfel-Süßkartoffel-Brei Brust/Flasche	Brust/Flasche	Brust/Flasche
5	Brust/Flasche	Brust/Flasche	Gemüse-Kartoffel-Brei Brust/Flasche	Brust/Flasche	Brust/Flasche
6	Brust/Flasche	Brust/Flasche	Trio aus Wurzelgemüse Brust/Flasche	Brust/Flasche	Brust/Flasche
7	Brust/Flasche	Brust/Flasche	Gemüse-Kartoffel-Brei Brust/Flasche	Brust/Flasche	Brust/Flasche

Neuer Geschmack

Sobald Ihr Baby sich an den ersten Brei und an unterschiedliches Gemüse und Obst **gewöhnt hat und dies gut schlucken** kann, folgt der nächste Schritt. **Erweitern** Sie **den Speiseplan**, bieten Sie nach und nach Fleisch, Geflügel, Fisch sowie **weitere Gemüse- und Obstsorten** an. Nach vier Wochen bekommt es abends einen Milchbrei, nach weiteren vier Wochen einen Obst-Getreide-Brei am Nachmittag. Der Brei muss nun **nicht mehr ganz fein** sein.

★ Menüplaner auf Seite 97

Von Anfang an alles richtig machen: Neue Speisen anbieten

Sobald Ihr Baby seine erste Beikost gerne isst, kann sich sein Speiseplan rasch erweitern. Führen Sie nach und nach, keinesfalls jeden Tag, neue Nahrungsmittel und eine stückigere Konsistenz ein. So erkennen Sie auch leichter, ob Ihr Kind auf die neuen Lebensmittel mit Beschwerden reagiert.

In der zweiten Phase des Zufütterns werden nach und nach immer mehr Nahrungsmittel angeboten. Obst- und Gemüsebrei ist auf die Dauer zu kalorienarm – Babys wachsen schnell und brauchen nährstoffreiche Nahrungsmittel. Lebensmittel wie Hähnchen und anderes Fleisch verursachen kaum jemals Allergien und versorgen Ihr Kind mit Eisen. Sobald Ihr Baby verschiedene Speisen verträgt, können Sie ihm etwa ab dem siebten oder achten Monat auch gut durchgegarte Eier und Fisch geben – sie sind ernährungsphysiologisch wertvoll. Sollte es darauf allergisch reagieren, wäre das auch der Fall, wenn Sie diese Lebensmittel erst später geben würden.

> " *Die Einführung immer neuer Speisen weist Ihrem Baby den Weg zu den Familienmahlzeiten.* "

Die Einführung immer neuer Speisen weist Ihrem Baby den Weg zu den Familienmahlzeiten. Probieren Sie leckeren Lachs mit Karotten oder püriertes Hühnchen mit Butternusskürbis und Tomaten aus. Oder verfeinern Sie den Blumenkohlbrei mit ein wenig geriebenem Käse. Auf Seite 74ff. finden Sie weitere Rezeptvorschläge.

Wie viel braucht mein Baby?

Diese Phase dient weiterhin vor allem der Gewöhnung an neue Nahrungsmittel, etwa eines pro Tag oder jeden zweiten Tag. Es macht nichts, wenn Ihr Baby nur wenige Löffel voll isst. Die Menge steigt, sobald die Milchmahlzeiten kleiner werden. Ziel ist es, dass Ihr Baby schließlich ausgewogene Mahlzeiten mit Eiweiß, Kohlenhydraten, Obst, Gemüse und gesundem Fett zu sich nimmt – idealerweise etwa im zehnten Monat. Cerealien mit Milch und Früchten enthalten z. B. Eiweiß, Kohlenhydrate und Obst. Hähnchen mit Kartoffeln und Brokkoli enthält ebenfalls alle Nahrungsmittelgruppen. Die Kohlenhydrate liefern Energie, das Eiweiß sichert das Wachstum und die Vitamine unterstützen wichtige Körperfunktionen.

Sobald Ihr Baby etwa 190 g Brei isst – das entspricht einer Portion Gemüse-Kartoffel-Fleisch-Brei –, braucht es zu dieser Mahlzeit keine Milch mehr zusätzlich. Entsprechend trinkt es abends und nachmittags keine Milch mehr, sobald diese Mahlzeiten durch Brei ersetzt worden sind.

Vorlieben und Abneigungen

Jedes Baby ist anders – auch im Ernährungsverhalten. Das eine mag und verträgt schon früh viele Gemüsesorten, auch Zwiebeln und Knoblauch, das andere lehnt diese noch im Schulalter ab. Bieten Sie Ihrem Kind deshalb eine reiche Auswahl an

Nahrungsmitteln an und achten Sie jeweils auf seine Reaktionen. Auf diese Weise können Sie auch die Rezepte in diesem Buch entsprechend den Bedürfnissen Ihres Babys abwandeln und z. B. die Zwiebeln in einem Rezept weglassen.

Geben Sie neue Nahrungsmittel unbedingt zu Beginn einer Mahlzeit, wenn Ihr Baby hungrig ist. Wenn es sie ablehnt, mischen Sie sie mit bekannten Speisen. Oft genügt es, ein wenig Mutter- oder Säuglingsmilch unterzurühren. Wenn es ein bestimmtes Lebensmittel nicht mag, zwingen Sie

es nicht. Geben Sie ihm etwas anderes – aber nicht unbedingt seinen Lieblingsbrei. Bieten Sie weiterhin regelmäßig neue Nahrungsmittel an, auch solche, die es zunächst abgelehnt hat. Manchmal müssen Sie es 12- bis 15-mal versuchen, bis das Baby eine neue Speise akzeptiert.

Erhöhen Sie in den Breien nach und nach den Anteil der weniger geliebten Lebensmittel. Sie können neue Nahrungsmittel auch als Fingerfood geben (s. S. 68ff.)

Gesund kombiniert. Geben Sie Ihrem Baby nun bei einer Mahlzeit verschiedene Nahrungsmittel – weißer Fisch mit Karotten ist gesund und lecker.

Die besten neuen Lebensmittel

In der zweiten Phase des Zufütterns (ein, zwei Wochen nach der Gabe des ersten Gemüsebreis) werden immer neue Nahrungsmittel angeboten. So wird das Essen immer »interessanter« für Ihr Baby. Sie können nun abwechslungsreiche, ausgewogene Mahlzeiten für Ihr Baby zubereiten.

Getreideprodukte

Ab dem siebten Monat können Sie Ihrem Baby auch glutenhaltige Getreidesorten, wie Hafer und Weizen, anbieten. Mit Getreideflocken bereiten Sie den abendlichen Milchbrei zu, der etwa einen Monat nach dem Gemüse-Kartoffel-Brei gegeben wird (s. S. 47). Oder bieten Sie Ihrem Baby klein geschnittenes Brot oder Zwieback als Fingerfood an. Zur Mittagsmahlzeit lässt sich der Gemüse-Fleisch-Brei mit kleinen Nudeln anreichern. Manchmal besteht eine Weizenallergie oder Zöliakie (eine schwere Gluten-Unverträglichkeit); achten Sie daher auf mögliche Symptome (s. S. 20).

Eier

Eier liefern gesundes Eiweiß und viele Nährstoffe und sind etwa ab dem siebten Monat verträglich. Da manchmal eine Allergie auf Eiweiß, Eigelb oder beides besteht, geben Sie zunächst nur kleine Mengen und achten Sie auf mögliche Symptome. Garen Sie Eier immer gut durch, um das Risiko einer Lebensmittelinfektion zu reduzieren. In manchen Ländern wird empfohlen, Eiweiß erst mit acht Monaten zu geben, doch es ist nachgewiesen, dass eine frühere Gabe

sogar vorteilhaft sein kann, um den Körper an das Eiweiß zu gewöhnen. Eier sind sehr vielseitig zuzubereiten – hart gekocht, als Rührei oder als Zutat für andere Gerichte.

Rotes Fleisch

Eisenmangel ist der häufigste Nährstoffmangel bei kleinen Kindern. Der beste Lieferant von Eisen, Eiweiß und anderen Nährstoffen ist rotes

Jetzt gibt es Hafer. Für den abendlichen Milchbrei, etwa ab dem siebten Monat, sind Haferflocken bestens geeignet. Dazu schmeckt Obst.

Fleisch. Viele Babys lehnen rotes Fleisch jedoch ab – nicht wegen des Geschmacks, sondern wegen der festen Konsistenz. Bieten Sie zunächst gekochtes mageres Rindfleisch an, das Sie pürieren und mit Obst, z. B. Äpfeln oder getrockneten Aprikosen, und mit Wurzelgemüse, z. B. Süßkartoffeln, mischen und nochmals fein pürieren. Später können Sie gekochtes Hackfleisch geben, das Sie im Mixer ein paar Sekunden zerkleinern, damit es leichter zu schlucken ist.

Hähnchen

Hähnchenfleisch ist wunderbar vielseitig. Sie können es mit Wurzelgemüse, wie Karotten oder Süßkartoffeln, zu einem weichen Brei pürieren oder Obst, z. B. Äpfel, zugeben. Das ergibt einen leicht süßlichen Geschmack, den Babys mögen. Wenn Sie für die Familie ein Hähnchen grillen, pürieren Sie etwas Hähnchenfleisch mit gekochtem Gemüse und Gemüsewasser oder mit Obstmus. Braunes Hähnchenfleisch enthält mehr Eisen und Zink als weiße Hähnchenbrust – geben Sie Ihrem Baby auch davon etwas. Kleine Stücke Hähnchenbrust sind ebenso als Fingerfood geeignet.

Fisch

Die Bedeutung von Fisch für die Ernährung Ihres Babys kann nicht genug betont werden. Fisch kann ab dem siebten Lebensmonat gegeben werden. Die in Fisch enthaltenen gesunden Fette (essenzielle Fettsäuren) fördern das Wachstum sowie die Entwicklung von Gehirn, Nervensystem und Sehvermögen. Stücke von gekochtem Fisch, wie Thunfisch oder Lachs, sind auch als Fingerfood geeignet. Ideal sind zwei Portionen in der Woche. Auf Schwertfisch, Hai und Marlin sollten Sie wegen der möglichen Quecksilberbelastung besser verzichten.

Milchprodukte

Kuhmilch, Käse und Butter können nun zum Kochen verwendet werden. Wegen ihres raschen Wachstums brauchen Babys Vollmilch und vollfette Milchprodukte. Nehmen Sie nur pasteurisierten Käse; verzichten Sie auf Blauschimmelkäse, Brie, Camembert und Feta, bis Ihr Baby zwölf Monate alt ist. Joghurt vertragen viele Babys ab dem siebten, achten Monat – meiden Sie aber spezielle Produkte für Kinder, die meist viel Zucker enthalten.

Obst und Gemüse

Mit acht, neun Monaten vertragen Babys in der Regel die meisten Obstsorten (getrocknet und frisch). Mit einer großen Auswahl erhält Ihr Baby viele Nährstoffe und Vitamine. Sie können weiterhin Obstmus zubereiten, Früchte mit gekochtem Fleisch kombinieren oder sie als Fingerfood anbieten. Entfernen Sie alle Kerne und schneiden Sie auch Früchte wie Trauben klein, damit Ihr Baby sich nicht verschluckt. Entsprechendes gilt für Gemüse: Leicht gedämpftes Gemüse ist ein wunderbares Fingerfood.

Hülsenfrüchte

Wachsbohnen, Linsen, Erbsen und getrocknete Bohnensorten bieten eine gute Ergänzung der Babykost. Sie enthalten viel Eiweiß, Eisen und Ballaststoffe. Die meisten Bohnensorten und Erbsen lassen sich gut als Brei zubereiten – streichen Sie sie ggf. durch ein Sieb, um die harte Schale zu entfernen.

Nüsse und Samen

Nussbutter und gemahlene Nüsse können Sie etwa ab dem siebten Monat geben – es sei denn, in Ihrer Familie gibt es entsprechende Allergien. Nüsse sind reich an essenziellen Fettsäuren und Eiweiß.

Worauf Sie verzichten sollten

Ihr Baby verträgt nun eine Vielfalt verschiedener Lebensmittel – doch mit manchen warten Sie besser noch ein wenig ab. Denken Sie unbedingt daran, dass Ihr Baby noch keine Familienkost essen kann. Geben Sie ihm keine schweren, fetten, gewürzten, salzigen und gezuckerten Speisen.

Fette Speisen

Babys brauchen für ihr Wachstum, ihre Entwicklung und als Energiespender anteilig mehr Fett als Erwachsene. Wichtig ist dabei die Auswahl gesunder Fette (s. S. 15). Verzichten Sie aber auf sehr fette Gerichte, die das Verdauungssystem belasten. Insbesondere frittierte Gerichte und Speisen, die in viel Öl oder Butter gebraten werden, sind für Babys ungeeignet.

Rohe Eier

Sie können Salmonellen enthalten, an denen Ihr Baby schwer erkranken kann. Garen Sie Eier daher gut durch, z. B. als Rührei, hart gekocht oder als Omelett (s. auch S. 62).

Honig

Babys unter einem Jahr dürfen keinen Honig bekommen, da er Sporen des Bakteriums *Clostridium botulinum* enthalten kann. Diese bilden einen Giftstoff, der Säuglingsbotulismus auslösen kann – eine seltene, schwere Form der Lebensmittelvergiftung. Geben Sie bis zum zwölften Monat niemals Honig, auch keinen pasteurisierten.

Nicht pasteurisierte Milchprodukte

Milch, Käse und Joghurt (und andere Milchprodukte) müssen pasteurisiert sein, um ein Infektionsrisiko auszuschließen. Kuhmilch ist im ersten Lebensjahr als Getränk nicht geeignet; sie kann aber zum Kochen verwendet und in Form von Milchprodukten wie Käse, Butter und Joghurt verzehrt werden. Verzichten Sie auf Weichkäse, z. B. Brie, und Schimmelkäse, wie Blauschimmelkäse.

> " *Denken Sie daran, dass Ihr Baby noch keine Familienkost essen kann. Geben Sie ihm keine schweren, fetten, gewürzten, salzigen und gezuckerten Speisen.* "

Künstliche Süßstoffe, Aromen, Zusatz- und Konservierungsstoffe

Keiner dieser Stoffe fördert die Gesundheit Ihres Babys, daher sollten sie alle gemieden werden. Verwenden Sie zur Zubereitung von Babykost frische, vollwertige Lebensmittel. Verarbeitete Produkte enthalten fast immer künstliche Zusätze und meist auch viel ungesundes Fett und Zucker. Achten Sie beim Kauf von Gläschenkost fürs Baby auf die E-Nummern; damit sind die Zusatzstoffe bezeichnet. E 300 bis 304 (Vitamin C) und E 307 bis 309 (Vitamin E) sind unbedenklich, die anderen sollten Sie meiden. Wählen Sie Produkte ohne Salz und Zucker sowie ohne Transfette, die sich hinter dem Begriff »gehärtet« verbergen.

Salz

Schon die kleinste Menge Salz ist für Ihr Baby zu viel; salzen Sie daher seine Speisen nicht. Geben Sie ihm keine Lebensmittel, die Salz enthalten – verarbeitete Fleischwaren enthalten besonders viel Salz und sind für Babys völlig ungeeignet. Salz schädigt insbesondere die Nieren des Babys. Da Babys Salz nicht kennen, vermissen sie den Geschmack nicht, so wie es bei Erwachsenen der Fall sein mag.

Gewöhnen Sie Ihr Baby an die natürliche Süße und Würze frischer Lebensmittel. Eine winzige Prise Salz zum Kochen ist akzeptabel – falls Sie Gemüsebrühwürfel zur Zubereitung von Babybrei verwenden, verdünnen Sie diese stark und verwenden Sie salzarme Produkte.

Nüsse

Vielleicht sind Sie überrascht, Nüsse in den Rezepten dieses Buches zu finden. Inzwischen haben sich die Empfehlungen geändert, weil es keine Beweise gibt, dass der Verzehr bzw. der Verzicht auf Nüsse in der Schwangerschaft, der Stillzeit und der frühen Kleinkindzeit das Risiko eines Kindes, eine Nussallergie zu bekommen, beeinflusst. Sehr fein gemahlene Nüsse sowie Nussbutter sind eine gesunde Ergänzung der Babykost. Bei einer familiären Allergieneigung beobachten Sie Ihr Baby sorgfältig. Geben Sie Kindern unter fünf Jahren niemals ganze Nüsse.

Zucker

Machen Sie Ihr Baby mit der natürlichen Süße von frischem Obst und Gemüse vertraut. Wenn es sich früh an Zucker gewöhnt, wird es eher zur Naschkatze und bekommt später leichter Karies und Übergewicht. Die meisten Lebensmittel enthalten natürliche Zuckerarten und versorgen Ihr Kind dadurch mit Energie. Verwenden Sie Haushaltszucker höchstens gelegentlich zum Backen oder zum Süßen sehr saurer Früchte und streichen Sie ihn sonst vom Speiseplan. Nehmen Sie besser Ahornsirup, Agavensirup oder Melasse, die auch Vitamine und Mineralstoffe enthalten. Oder süßen Sie mit Fruchtsaft oder Obstmus.

Nitrate

Verarbeitete Fleischwaren und verschiedene andere Lebensmittel enthalten Nitrate. Diese werden im Körper zu schädlichen Stoffen umgewandelt. Nitrate kommen auch in einigen Gemüsesorten vor, wie Karotten, Rote Bete, Spinat, grüne Bohnen und Kürbis. Das Nitrat gelangt als Pflanzendünger in die Erde. Der Nitratgehalt dieser Nahrungsmittel nimmt mit der Lagerungsdauer zu. Verarbeiten Sie daher frische Produkte so rasch wie möglich und frieren Sie sie nach dem Abkühlen in Einzelportionen ein. Für Erwachsene ist Nitrat wegen der höheren Menge an Magensäure unproblematisch.

Lesen Sie die Etiketten

Sofern Ihr Baby nicht zu Allergien neigt, können Sie nun nach und nach die meisten Lebensmittel einführen. Kaufen Sie immer Produkte, die genau ausgezeichnet sind, damit Sie wissen, womit Sie Ihr Baby füttern. Achten Sie sorgfältig auf eine mögliche Reaktion (s. S. 20).

Kauen lernen mit stückiger Kost

Ein wichtiger Schritt in der Entwicklung von Sprache und Gesichtsmuskulatur ist das Kauenlernen. Vielleicht haben Sie Angst, Ihr Baby könnte sich verschlucken, wenn Sie ihm Speisen mit gröberen Stücken anbieten; doch Ihr Baby braucht sie nun, um kauen zu lernen – je früher, umso besser!

Manche Babys kommen vor dem zweiten Lebensjahr gar nicht auf die Idee, zu kauen und zu schlucken – andere malmen und kauen voller Begeisterung, sobald sie verschiedene Konsistenzen angeboten bekommen. Sobald Ihr Baby einige Zähne oder festes, gesundes Zahnfleisch hat und verschiedene Breie isst, können Sie ihm auch Speisen geben, die nicht ganz fein püriert sind. Mit etwa sieben oder acht Monaten sind die meisten Kinder bereit für solche »Experimente«. Wenn das Kauen Ihrem Baby allerdings erhebliche Schwierigkeiten bereitet, müssen Sie noch etwas länger abwarten.

" *Selbst wenn Ihr Baby schon festere Kost essen kann und auch kleine Klümpchen und Stücke kaut, müssen Sie manche Lebensmittel, wie Trockenobst, Samen und Nüsse und festes Fleisch, weiterhin pürieren.* "

Behalten Sie Ihr Baby im Auge; Sie haben den besten Blick dafür, womit es bereits zurechtkommt. Wenn es verschiedenes Fingerfood gern und problemlos isst, können Sie seinem Brei auch sehr klein geschnittene Stücke untermengen.

Was kommt nach dem Brei?

Breie bilden weiterhin die Grundlage vieler Gerichte und bleiben vermutlich noch etliche Monate der Favorit. Eine gute Methode, stückigere Kost einzuführen, besteht darin, dem Lieblingsbrei des Babys winzige Nudeln beizugeben. Grundsätzlich mögen Babys lieber einen insgesamt festeren Brei als einen weichen mit festeren Stückchen darin. Sie können aber ebenso dem normalen Brei mit der Gabel zerdrückte, gehackte oder klein geschnittene Lebensmittel zugeben – vielleicht ist es sogar begeistert davon!

Festere Kost einführen

Um Ihr Baby mit neuen Konsistenzen vertraut zu machen, mischen Sie Lebensmittel mit unterschiedlicher Beschaffenheit und Festigkeit in die pürierte Babykost. Nehmen Sie beim Kochen vor dem Pürieren eine kleine Menge ab. Schneiden Sie sie klein oder zerdrücken Sie sie und rühren Sie sie in den Brei. Schauen Sie, wie es damit zurechtkommt.

Zuerst spuckt es vielleicht die Stücke aus, aber mit der Zeit lernt es, sie im Mund zu halten, zu kauen, zu »zermalmen« und schließlich zu schlucken. Überstürzen Sie aber nichts. Es kann mindestens eine Woche dauern, bis Ihr Baby sich an eine neue Konsistenz gewöhnt. Wenn es würgt oder gequält wirkt, geben Sie ihm eine Woche lang wieder den gewohnten Brei und versuchen Sie es dann nochmals.

Bieten Sie zusätzlich Fingerfood (s. S. 68ff.) an; Ihr Baby lernt damit, Speisen in den Mund zu stecken, zu kauen und zu schlucken. Dann ist es von kleinen Stücken im Brei nicht mehr so überrascht. Warten Sie nicht zu lange ab.

Babys, die früh an festere Kost gewöhnt werden, akzeptieren sie leichter. Viele Babys kauen gerne Fingerfood, lehnen aber gröbere Kost vom Löffel ab – es scheint also eine Sache der Gewohnheit zu sein.

Stückige Kost. Geben Sie Ihrem Baby kleine Nudeln in den Brei, um es zum Kauen anzuregen.

Leckeres für kleine Finger

Wenn Ihr Baby sechs oder sieben Monate alt ist, bietet Fingerfood nicht nur eine ideale Möglichkeit, seine Kost zu ergänzen und das selbstständige Essen zu fördern, sondern wird auch ein wichtiger Teil seiner Entwicklung.

Viele Babys wollen selber essen, besitzen aber noch nicht genug Hand-Augen-Koordination, um den Brei auf einem Löffel in ihren Mund befördern zu können. Fingerfood ist die ideale Lösung für den Selbstständigkeitsdrang Ihres Babys. Vielleicht haben Sie Ihrem Baby bereits ein paar Lebensmittel gegeben, die sozusagen im Munde zergehen. Ansonsten ist jetzt der richtige Zeitpunkt, um damit zu beginnen. Denken Sie daran, dass Fingerfood einen wichtigen Teil der Ernährung Ihres Babys bildet und daher ebenso gesund sein sollte wie alle anderen Mahlzeiten. Fingerfood überlistet oft auch schwierige Esser – manche Babys lehnen z. B. Gemüsebrei kategorisch ab, knabbern aber gerne gegrillte Paprikastreifen.

Sind Zähne wichtig?

Meist brechen die ersten Zähne lange vor dem sechsten Monat durch; manche Babys haben jedoch noch bis zu zwölf Monaten nur wenige Zähne. Doch viele Lebensmittel lassen sich auch ohne Zähne kauen. Durch »Malmen« oder »Zermahlen« werden die Speisen so weich, dass Ihr Baby sie schlucken kann. Auch wenn das Kauen ohne Zähne schwieriger ist, gelingt es den meisten Babys mit etwas Beharrlichkeit. Das Kauen stimuliert das Zahnfleisch, sodass es gesund bleibt, und fördert die Entwicklung der Kiefermuskulatur, die später zum Sprechen benötigt wird. Fingerfood zu greifen und in den Mund zu stecken schult außerdem Feinmotorik und Koordinationsvermögen.

Verschlucken verhindern

Beißt das Baby ein Stück von einem harten Lebensmittel ab, kann es sich daran verschlucken. Passen Sie auf, dass es kein Essen in den Backen sammelt.

✴ Geben Sie Ihrem Baby nie Fingerfood, wenn Sie es nicht sehen können.

✴ Geben Sie ihm kein rohes Gemüse oder Käsewürfel, bevor es richtig kauen kann.

✴ Geben Sie kein Stein- oder Kernobst und niemals ganze Nüsse.

✴ Schälen Sie Gemüse und Obst und schneiden Sie es in so große Stücke, dass Ihr Baby sie in der Hand halten kann. Vorsicht mit Rosinen – sie können im Hals stecken bleiben.

✴ Machen Sie einen Erste-Hilfe-Kurs. Hat Ihr Baby etwas verschluckt, kontrollieren Sie seinen Mund und entfernen Festsitzendes. Legen Sie Ihr Kind mit dem Gesicht nach unten längs auf Ihren Unterarm, den Kopf tiefer als die Brust. Mit der anderen Hand schlagen Sie fünfmal fest zwischen die Schulterblätter. Wird das Stück dadurch nicht frei, drehen Sie das Baby auf den Rücken und drücken Sie mit zwei Fingern fünfmal fest in die Mitte unter das Brustbein.

Silke und Toby, 8 Monate

Toby mochte seine Beikost von Anfang an, daher war ich zuversichtlich, als ich ihm festere Kost anbot. Zuerst zerdrückte ich Obst und Gemüse mit der Gabel und mischte es in seinen Brei. Das meiste spuckte er sofort wieder aus! Ich versuchte es mit verschiedensten Breien, manchmal nur mit ein oder zwei Stückchen. Er fischte sie immer heraus und wurde oft ärgerlich. Mit neun Monaten aß er immer noch keine größeren Stücke. Dabei wusste ich, wie wichtig das Kauen ist. Schließlich gab ich ihm ein Tablett mit Fingerfood. Das funktionierte. Es gefiel ihm, die festen Lebensmittel selber zu essen. Doch ich durfte damit nicht seinen Brei ›verderben‹.

Das beste Fingerfood. . . . .
. . . . Äpfel

Karotte

»Schau, ich kann selber essen!«

Apfel und Birne

Brot

Fingerfood ist ideal, um neue Konsistenzen, Geschmacksrichtungen und Nährstoffe einzuführen, und es fördert hervorragend das Selberessen. Geben Sie zunächst Lebensmittel, die im Mund des Babys schmelzen, und später, wenn die Zähne durchbrechen oder Ihr Baby schon Übung hat, Nahrungsmittel, die es beißen muss.

1 Was im Munde zergeht
✻ **Gekochtes Gemüse und Obst**
Bieten Sie zunächst weich gekochtes Gemüse und Obst an, wie Karottensticks, kleine Brokkoliröschen und Apfel- und Birnenschnitze.
✻ **Sehr reifes Obst**
Kleine Stücke reife Avocado und Banane sind perfekt als erstes Fingerfood.
✻ **Babysnacks, die im Munde schmelzen**
Salzfreie Knabbereien für Babys, wie Dinkelstangen und kleine Reiswaffeln oder Zwieback, wird es bald begeistert essen.

2 Was sich beim Kauen auflöst
✻ **Kartoffeln und Süßkartoffeln**
Kleine Stücke Pellkartoffel und gekochte Süßkartoffel kann Ihr Baby gut festhalten. Vor allem Süßkartoffeln stecken voller Nährstoffe.
✻ **Brot**
Bieten Sie nach und nach verschiedene Brotsorten an – etwas Fladenbrot, ein Stück Brötchen oder Zwieback. Schneiden Sie sie in Streifen oder Würfel. Geben Sie kein hartes Brot, das zerbrechen, das Zahnfleisch verletzen oder verschluckt werden kann. Lecker sind Sandwiches mit Banane, Frischkäse und Fruchtaufstrich.

Birnen Nudeln Brot Käse

Auswärts zu essen wird jetzt viel leichter!

3 Zum Abbeißen und Kauen

✦ Gurkenstücke und leicht gedämpftes Gemüse

Gurkenstücke mögen Babys ebenso wie gekochte Karottensticks, weil sie sie gut festhalten können. Kühlen Sie Gurken im Kühlschrank; sie besänftigen das beim Zahnen wunde Zahnfleisch.

✦ Käse

Käse enthält gesundes Fett und viel Eiweiß. Geben Sie keinen sehr harten Käse, den Ihr Baby verschlucken könnte.

✦ Trockenobst

Eine gute Wahl sind Aprikosen, Feigen, Apfelringe und Mango. Trockenobst liefert viel Eisen und Vitamin C, es enthält allerdings auch viel Fruchtzucker. Kaufen Sie ungeschwefelte Früchte; ihnen wurde beim Trocknen kein Schwefel zugesetzt. Geben Sie dem Baby keine getrockneten Beeren.

✦ Fisch-, Hähnchen-, Rindfleischbällchen

Babys lieben Speisen, die sie selbst nehmen und mühelos in den Mund stecken können. Leckeren Fleischbällchen kann kein Baby widerstehen – auch wenn es dickeren Brei ablehnt oder Fleisch nicht mag.

✦ Obst

Sobald Ihr Baby abbeißen und kauen kann, muss Obst nicht länger gekocht werden. Sie können jetzt auch Beeren geben. Sie enthalten viele für das Wachstum wertvolle Nährstoffe.

✦ Nudeln

Es gibt Nudeln aus verschiedenen Getreidesorten – Weizen, Dinkel, Quinoa. Sie liefern viele Nährstoffe. Wenn Ihr Baby kein Gluten verträgt, geben Sie Reis- oder Buchweizennudeln.

Gurke

Getrockneter Apfel

Nudeln

Die 10 wichtigsten Tipps zur Beikost

Nicht immer gelingt das Zufüttern völlig ohne Probleme, da Babys ihren eigenen Kopf haben – und einen sehr ausgeprägten Geschmackssinn! Gerade, wenn Sie meinen, es geschafft zu haben, entwickelt Ihr Baby vielleicht plötzlich ein Essverhalten, das Sie zur Verzweiflung treibt. Behalten Sie die folgenden zehn Tipps im Kopf – dann wird Ihr Baby sich bald auf seine Mahlzeiten freuen und auf dem Weg sein, sich lebenslang mit Freude gesund zu ernähren!

1 Damit Ihr Baby kein heikler Esser wird, bieten Sie ihm nicht immer wieder denselben Brei an. Sorgen Sie für viel Abwechslung; wenn Ihr Kleines auf stur schaltet, mischen Sie neue Lebensmittel mit bekannten, bis es sie akzeptiert.

2 Babys schlafen nachts besser, wenn ihr Bauch voll ist und sie etwas gegessen haben, das länger sättigt. Dazu ist der abendliche Milchbrei ideal geeignet: Er enthält Eiweiß und Kohlenhydrate. Eiweißreiche Speisen wirken schlaffördernd; manche, wie Eier, Milchprodukte, Fisch und Geflügel, sind auch reich an Tryptophan, was zusätzlich den Schlaf des Kindes verbessert.

3 Babys brauchen anteilig mehr Fett in ihrer Ernährung als Erwachsene; daher ist es wichtig, ab dem sechsten Monat Lebensmittel wie Fleisch, Hähnchen und Käse einzuführen und nicht nur Gemüsebrei und Obstmus zu geben, die kalorienarm sind. Geben Sie keine fettarmen Milchprodukte.

4 Wenn Ihr Baby übermäßig zunimmt, drängen Sie es keinesfalls zum Weiteressen, wenn es bereits satt ist.

Babys hören normalerweise auf ihr natürliches Sättigungsgefühl. Kein Baby muss seine Schüssel

»Ich will selber essen!« Keine Sorge, wenn Ihr Baby manscht – das gehört zum Lernprozess dazu und macht Spaß!

leer essen. Sie können ihm weniger Milch geben, sofern es mehr als 600 ml Milch am Tag trinkt. Lassen Sie sich zudem von Ihrem Kinderarzt beraten.

5 Lassen Sie Ihr Baby kleckern! Dann macht Ihrem Kind das Essen Spaß, es experimentiert eher mit verschiedenen Speisen und isst selbstständiger.

6 »Verstecken« Sie Lebensmittel, die Ihr Baby ablehnt, in bereits akzeptierten Breien. Mischen Sie z. B. Spinat oder Fleisch unter süßliches Wurzelgemüse. Kombinieren Sie würzige und süßliche Nahrungsmittel, wie Hähnchen, Süßkartoffel und Apfel. Oder führen Sie neue Speisen als Fingerfood ein. Ihr Baby wird damit spielen und es aus Neugierde in den Mund stecken. Manchmal nimmt es eine neue Speise erst nach vielen Versuchen an.

7 Überlassen Sie Ihrem Baby das Tempo. An einem Tag mag es vielleicht den neuen, festen Brei, am nächsten dreht es den Kopf weg. An manchen Tagen ist es hungriger als an anderen. Geben Sie ihm neue Speisen, wenn es sich wohlfühlt, und Bekanntes, wenn es schlecht gelaunt ist. Keine Sorge, wenn es sich nicht sofort an stückige Kost gewöhnt. Probieren Sie einige Tipps aus diesem Buch aus und bleiben Sie gelassen.

8 Lassen Sie die Mahlzeiten für Ihr Baby zu einer positiven Erfahrung werden. Wenn es Anspannung oder Missbilligung spürt, erlebt es die Situation als beängstigend. Loben Sie es häufig, lachen und singen Sie und zeigen Sie Freude über sein Bemühen. Essen Sie ein bisschen von seinem Brei, dann fühlt es sich integriert und erlebt das Essen als soziale Erfahrung.

9 Lassen Sie Ihr Baby beim Essen niemals allein. Es kann sich schon an kleinen Bissen verschlucken (s. S. 68). Zudem lernt es in Ihrer Gesellschaft, dass das Essen ein soziales Ereignis ist, das viel Freude macht.

10 Planen Sie voraus und frieren Sie Speisen in Eiswürfelbehältern oder kleinen Töpfchen ein, damit Sie nicht jeden Tag kochen müssen.

Was soll mein Baby trinken?

Ihr Baby hat einen sehr kleinen Magen. Wenn es ihn mit Milch, Wasser oder Fruchtsaft füllt, kann es kaum noch viel essen. Gewöhnen Sie Ihr Baby daran, aus einem Becher zu trinken. Bieten Sie ihm einen Teil der gewohnten Milchmahlzeit aus einem Becher an (pumpen Sie ggf. Muttermilch ab); geben Sie ihm zwischen den Mahlzeiten Wasser aus dem Becher.

Bieten Sie Wasser oder Milch am Ende einer Mahlzeit an. Wenn Ihr Baby kaum Wasser trinkt oder kein Vitamin-C-reiches Obst oder Gemüse auf dem Speiseplan steht, können Sie ihm stark verdünnten Fruchtsaft geben, um die Eisenaufnahme zu verbessern. Geben Sie keinen unverdünnten Saft: Er sättigt nicht nur stark, sondern fördert auch die Vorliebe für Süßes. Geben Sie Fruchtsaft – wenn überhaupt – nur zu den Mahlzeiten: Das beugt auch Karies vor.

Daneben braucht Ihr Baby weiterhin seine normalen Milchmahlzeiten, die es mit Nährstoffen und Flüssigkeit versorgen.

Grundrezept: Gemüse-Kartoffel-Fleisch-Brei

Hat sich Ihr Kleines an Gemüsebrei gewöhnt, bekommt es als Nächstes einen Gemüse-Kartoffel-Fleisch-Brei, der es mit Eisen und Eiweiß versorgt.

★ Ergibt 4 Portionen ★ Geeignet ab 6 Monaten ★ Vorbereitungszeit: 10 Minuten ★ Garzeit: 15–20 Minuten ★ Zum Einfrieren geeignet ★ Enthält Eiweiß, Folsäure, Eisen, Zink, Vitamin A, B-Vitamine, Vitamin C, Ballaststoffe

Zutaten:
200 g Kartoffeln, geschält und gewürfelt
400 g Karotten (oder anderes verträgliches
    Gemüse wie Zucchini, Blumenkohl, Brokkoli)
Etwa 100 g mageres Fleisch (Rind, Geflügel, Lamm)
4 EL Sonnenblumen- oder Rapsöl
Etwa 120 ml Vitamin-C-reicher Fruchtsaft

Zubereitung:
1 Fleisch klein schneiden und in wenig Wasser garen, danach pürieren.

2 Gemüse waschen, klein schneiden und mit den Kartoffeln zusammen in wenig Wasser garen.

3 Das pürierte Fleisch zugeben und aufkochen lassen. Obstsaft zugießen und nochmals pürieren. Das Öl unterrühren.

Kürbis-Erbsen-Brei

Dieser leckere zarte Brei ist sehr nährstoffreich und schmeckt süßlich.

★ Ergibt 4 Portionen ★ Geeignet ab 6 Monaten ★ Vorbereitungszeit: 10 Minuten ★ Garzeit: 17 Minuten ★ Zum Einfrieren geeignet ★ Enthält Betacarotin, Vitamin C, Eisen, Zink, Folsäure, Ballaststoffe

Zutaten:
15 g Butter
2,5 cm Lauch, in dünne Ringe geschnitten
250 g geschälter und gewürfelter Kürbis
120 ml ungesalzene Gemüsebrühe oder Wasser
3 EL Tiefkühlerbsen

Zubereitung:
1 Butter im Topf zerlassen, den Lauch 3 Minuten dünsten, Kürbis zugeben und 1 Minute leicht köcheln lassen. Dann Brühe oder Wasser zugießen, zum Kochen bringen und bei mittlerer Hitze 10 Minuten köcheln lassen. Erbsen zugeben, 3 Minuten garen, anschließend pürieren.

2 In Einzelportionen einfrieren. Bei Bedarf auftauen lassen, entsprechend erwärmen und kurz aufkochen. Vor dem Servieren abkühlen lassen.

Kartoffel-Karotten-Mais-Brei

Wurzelgemüse, wie Kartoffeln und Karotten, ist bei Babys besonders beliebt; der fruchtige Mais macht diesen Brei unwiderstehlich.

✷ Ergibt 4 Portionen ✷ Geeignet ab 6 Monaten ✷ Vorbereitungszeit: 10 Minuten ✷ Garzeit: 18 Minuten ✷ Zum Einfrieren geeignet ✷ Enthält Betacarotin, Vitamin C, Kalium, B-Vitamine, Ballaststoffe

Zutaten:

1 EL Olivenöl
½ kleine Zwiebel, geschält und gehackt
1 mittelgroße Karotte, geschält und in Scheiben geschnitten
1 große Kartoffel, geschält und gewürfelt
150 ml ungesalzene Gemüsebrühe oder Wasser
3 EL Maiskörner, tiefgefroren oder aus der Dose (ohne Zucker oder Salz)

Zubereitung:

1 Das Öl erhitzen und die Zwiebel und die Karotte 5 Minuten unter Rühren andünsten.

2 Kartoffel zugeben, Brühe oder Wasser zugießen und zum Kochen bringen. Zugedeckt bei mittlerer Temperatur 10 Minuten köcheln lassen. Mais zugeben und weitere 3 Minuten garen.

3 Durch ein Passiersieb oder ein Sieb streichen oder in einer Schüssel mit dem Stabmixer pürieren.

4 In Einzelportionen einfrieren. Bei Bedarf auftauen lassen, dann in der Mikrowelle oder in einem kleinen Topf erwärmen und kurz aufkochen. Umrühren und vor dem Servieren abkühlen lassen.

Lauch-Süßkartoffel-Blumenkohl-Brei

Mit sechs Monaten verträgt Ihr Baby auch ein wenig Käse in seinem Brei. Käse liefert wertvolles Eiweiß, Kalzium und wichtige Kalorien für sein Wachstum. Dieser leckere Brei hat ein wunderbar herbstliches Aroma.

✳ Ergibt 4 Portionen ✳ Geeignet ab 6 Monaten ✳ Vorbereitungszeit: 5 Minuten ✳ Garzeit: 13 Minuten ✳ Zum Einfrieren geeignet ✳ Enthält Betacarotin, Vitamin C, Kalzium, Folsäure, essenzielle Fettsäuren, Ballaststoffe

Zutaten:

10 g Butter
5 cm langes Stück Lauch, in Ringe geschnitten
½ kleine Süßkartoffel, geschält und gewürfelt
   (etwa 150 g)
250 ml kochendes Wasser
2 größere Blumenkohlröschen, in kleine Stücke
   geschnitten
30 g Edamer oder Gouda, gerieben

Zubereitung:

1 Butter im Topf zerlassen und Lauch hineingeben. Bei mittlerer Hitze etwa 3 Minuten dünsten.

2 Süßkartoffel zugeben, kochendes Wasser angießen, zum Kochen bringen und 5 Minuten garen. Blumenkohl dazugeben und bei mittlerer Temperatur im geschlossenen Topf weitere 5 Minuten garen.

3 Das Gemüse im Mixer mit dem geriebenen Käse pürieren.

4 In Einzelportionen einfrieren. Bei Bedarf auftauen lassen, dann entsprechend erwärmen und kurz aufkochen. Umrühren und vor dem Servieren abkühlen lassen.

Linsenpüree mit Süßkartoffel

Sie sind vielleicht überrascht, dass Linsenpüree zu meinen beliebtesten Babyrezepten zählt. Linsen sind eine hervorragende Eiweiß-, Eisen und Ballaststoffquelle. Und was noch wichtiger ist: Babys lieben sie!

✿ Ergibt 3 Portionen ✿ Geeignet ab 6 Monaten ✿ Vorbereitungszeit: 10 Minuten ✿ Garzeit: 30 Minuten ✿ Zum Einfrieren geeignet ✿ Enthält Eiweiß, Betacarotin, Vitamin C, B-Vitamine, Eisen, Ballaststoffe

Zutaten:
1 EL Sonnenblumenöl
1 kleine Zwiebel, geschält und gehackt
¼ rote Paprikaschote, entkernt und klein gehackt
1 mittelgroße Tomate, gehäutet (s. Tipp rechts)
2 EL rote Linsen
½ kleine Süßkartoffel, geschält und gewürfelt (etwa 150 g)
200 ml ungesalzene Gemüsebrühe oder Wasser

Zubereitung:
1 Das Öl in einem Topf erhitzen und die Zwiebel und die Paprika unter Rühren 4 Minuten dünsten. Die Tomate zugeben und unter Rühren 1 Minute dünsten.

2 Die Linsen abspülen, mit der Süßkartoffel in den Topf geben und mit Gemüsebrühe oder Wasser begießen. Zum Kochen bringen und bei mittlerer Temperatur 20–25 Minuten bzw. so lange, bis die Linsen ganz weich sind, köcheln lassen. Wenn nötig, noch etwas Wasser zugeben; am Ende der Garzeit sollte die Flüssigkeit weitgehend aufgesogen sein.

3 Das Gemüse im Mixer oder in einer Schüssel mit dem Stabmixer pürieren.

4 In Einzelportionen einfrieren. Bei Bedarf über Nacht im Kühlschrank oder 1–2 Stunden bei Zimmertemperatur auftauen lassen, dann in der Mikrowelle oder in einem kleinen Topf erwärmen und kurz aufkochen. Umrühren und vor dem Servieren abkühlen lassen.

Tipp:
Tomaten lassen sich, ebenso wie andere Früchte mit fester Schale, z. B. Pfirsiche, Nektarinen und Pflaumen, am besten häuten, indem man unten mit einem scharfen Küchenmesser ein flaches Kreuz in die Haut ritzt. Die Frucht in eine Schüssel legen und mit kochendem Wasser übergießen; 30–60 Sekunden abwarten. Das Wasser abgießen und die Frucht unter fließendem kalten Wasser abspülen. Wenn die Frucht abgekühlt ist und angefasst werden kann, nehmen Sie am eingeritzten Kreuz eine Ecke der lockeren Haut zwischen Daumen und Messer und ziehen die Schale vorsichtig ab. Wiederholen Sie den Vorgang, bis die gesamte Haut entfernt ist.

Nudeln mit Tomaten und Butternusskürbis

Reichhaltig, mild und süß und voller Antioxidanzien und anderen Nährstoffen ist dieses sahnige Nudelgericht. Es schmeckt Babys und Kindern jeden Alters. Sie können die Sauce auch separat in Einzelportionen einfrieren und bei Bedarf auftauen, erhitzen und zu frisch gekochten Nudeln servieren.

✱ Ergibt 5 Portionen ✱ Geeignet ab 6 Monaten ✱ Vorbereitungszeit: 10 Minuten
✱ Garzeit: 40 Minuten ✱ Zum Einfrieren geeignet ✱ Enthält Kohlenhydrate, Eiweiß, Betacarotin,
Vitamin C, B-Vitamine, Kalzium, Ballaststoffe

Zutaten:

2 TL Olivenöl
½ kleine rote Zwiebel, geschält und fein gehackt
 (nach Wunsch)
1 TL frisch gehackter Thymian oder
 ¼ TL getrockneter Thymian
125 g geschälter und gewürfelter Butternusskürbis
1 Knoblauchzehe, geschält und zerdrückt
 (nach Wunsch)
400 g gehackte Tomaten aus der Dose
75 ml (5 EL) Wasser
½ TL Tomatenmark
30 g Edamer oder Gouda, gerieben
1 EL Sahne oder Creme fraîche

Zum Servieren:

75 g Muschelnudeln

Zubereitung:

1 Das Öl in einem Topf erhitzen. Zwiebel, Thymian und Butternusskürbis hineingeben und unter Rühren bei schwacher Hitze 5 Minuten dünsten. Knoblauch dazugeben und 1 weitere Minute dünsten.

2 Die restlichen Zutaten außer Käse und Sahne zugeben. Zum Kochen bringen und bei schwacher Hitze unter gelegentlichem Rühren 30 Minuten köcheln lassen bzw. bis die Sauce cremig und sämig ist.

3 Käse zufügen und das Gemüse im Mixer oder mit dem Stabmixer in einer Schüssel zu einer weichen Sauce pürieren. Sahne oder Creme fraîche unterrühren.

4 Unterdessen die Nudeln in kochendem Wasser entsprechend der Packungsanweisung kochen, abgießen und vor dem Servieren unter die Tomaten-Kürbis-Sauce rühren.

5 In Einzelportionen einfrieren. Bei Bedarf über Nacht im Kühlschrank oder 1 – 2 Stunden bei Zimmertemperatur auftauen lassen, dann in der Mikrowelle oder in einem kleinen Topf erwärmen und kurz aufkochen. Umrühren und vor dem Servieren abkühlen lassen.

Der abendliche Milch-Getreide-Brei

Nachdem Ihr Baby zur Mittagsmahlzeit bereits eine breite Auswahl an Gemüsegerichten, auch mit Fleisch, sowie Obstspeisen isst, wird es etwa einen Monat nach der Einführung des Gemüse-Kartoffel-Breis Zeit, eine weitere Milchmahlzeit durch einen Brei zu ersetzen. Daher bekommt Ihr Kind etwa ab dem siebten Monat am Abend einen Vollmilch-Getreide-Brei (etwa 200–250 g). Dieser Brei enthält alles, was es mit seinem erhöhten Energie- und Nährstoffbedarf nun braucht. Er liefert wichtige Vitamine der B-Gruppe, außerdem Kalzium und Eiweiß. Diesen Brei bereiten Sie aus handelsüblicher Vollmilch oder aus Säuglingsmilch mit Getreideflocken zu und geben ihm etwas Obst bei. Achten Sie auf Getreideflocken ohne Zuckerzusatz. Der Brei muss nicht mehr püriert werden, sondern kann schon etwas gröber sein. Später können Sie den Milchbrei auch zum Frühstück geben.

Grundrezept: Vollmilch-Getreide-Brei

✴ Ergibt 1 Portion ✴ Geeignet ab etwa 7 Monaten ✴ Zubereitungszeit: etwa 5 Minuten (je nach Getreidesorte) ✴ Enthält Eiweiß, Kalzium, Vitamin C, B-Vitamine, Eisen, Folsäure

Zutaten:
200 ml pasteurisierte Vollmilch
   (oder Flaschennahrung)
20 g Vollkorngetreide oder -flocken (z. B. Grieß,
   Reis, Dinkel)
20 g Obstmus oder Obstsaft

Zubereitung:
1 Die Vollmilch in einem Topf aufkochen, das Getreide oder die Vollkornflocken einrühren und entsprechend der Packungsanweisung ggf. quellen lassen.

2 Etwas abkühlen lassen und Obstmus oder Obstsaft unterrühren.

Bei der Zubereitung des Breis mit Säuglingsmilch wird das Getreide in heißes Wasser eingerührt bzw. mit dem Wasser aufgekocht. Nach dem Abkühlen wird die Menge des Pulvers, die der Dosierung für die Säuglingsmilch entspricht, eingerührt.

Haferbrei mit Apfel

Besonders eisenhaltig ist der Milch-Getreide-Brei, wenn er aus Haferflocken zubereitet wird. Wenn Sie noch etwas Orangensaft zugeben oder Ihrem Kind etwas verdünnten Orangensaft zum Trinken geben, fördert dessen hoher Vitamin-C-Gehalt die Eisenaufnahme im Körper.

✹ Ergibt 1 Portion ✹ Geeignet ab etwa 7 Monaten ✹ Zubereitungszeit: 5 Minuten
✹ Enthält Eiweiß, Kalzium, Vitamin C, B-Vitamine, Eisen, Folsäure

Zutaten:
200 ml pasteurisierte Vollmilch
2 gehäufte EL feine Haferflocken
1 kleiner süßer Apfel
Evtl. etwas Orangensaft

Zubereitung:
1 Die Milch mit den Haferflocken in einem kleinen Topf bei mittlerer Hitze zum Kochen bringen.

Den Brei nach 1 Minute vom Herd nehmen und zugedeckt 3–4 Minuten quellen lassen.

2 Inzwischen den Apfel gründlich waschen, abtrocknen und schälen. Das Fruchtfleisch auf einer Reibe fein raffeln.

3 Geriebenen Apfel und evtl. Orangensaft unter den Haferbrei rühren und alles servieren.

Grießbrei mit Pfirsichmus

Grießbrei mögen eigentlich alle Babys von Anfang an. Mit einem saftigen, reifen Pfirsich verfeinert, schmeckt er besonders gut.

✹ Ergibt 1 Portion ✹ Geeignet ab etwa 7 Monaten ✹ Zubereitungszeit: etwa 10 Minuten
✹ Enthält Eiweiß, Kalzium, Vitamin C, B-Vitamine, Folsäure

Zutaten:
200 ml pasteurisierte Vollmilch
3 EL Vollkorn-Kindergrieß
1 kleiner reifer süßer Pfirsich

Zubereitung:
1 Den Pfirsich waschen, häuten (s. Tipp S. 77), entsteinen und fein zerdrücken.

2 Die Hälfte der Milch in einem kleinen Topf erhitzen. Den Grieß zugeben, in der Milch aufkochen und bei schwacher Hitze in etwa 3 Minuten unter ständigem Rühren ausquellen lassen.

3 Den Topf vom Herd nehmen, nach und nach die restliche Milch unterschlagen und den fertigen Grießbrei mit dem Pfirsichmus servieren.

Annabels leckerer Lachs

Fettreicher Fisch sollte möglichst früh gegeben werden; dieser Brei enthält viele essenzielle Fettsäuren, die Wachstum und Entwicklung fördern.

⭐ Ergibt 2 Portionen ⭐ Geeignet ab 7 Monaten ⭐ Vorbereitungszeit: 5 Minuten
⭐ Garzeit: 15 Minuten ⭐ Zum Einfrieren geeignet ⭐ Enthält Eiweiß, Betacarotin, Vitamin D, Kalzium, essenzielle Fettsäuren, Eisen, Ballaststoffe

Zutaten:

1 große Karotte, geschält und gewürfelt
100 g Lachsfilet ohne Gräten und ohne Haut
1 EL Milch
15 g Butter
2 größere reife Tomaten, gehäutet (s. Tipp S. 77), entkernt und grob gehackt
30 g Edamer oder Gouda, gerieben

Zubereitung:

1 Die Karottenstücke ca. 15 Minuten garen, bis sie weich sind.

2 Den Lachs in ein kleines Mikrowellengeschirr legen und die Milch darübergießen. Mit Alufolie abdecken und dabei eine Ecke offen lassen. 1½ Minuten in der Mikrowelle garen, bis der Fisch nicht mehr durchscheinend ist. Ruhen lassen – der Garprozess dauert an, während Sie das übrige Gericht zubereiten.

3 Die Butter in einem Topf zerlassen, die Tomaten hineingeben und unter Rühren sämig dünsten (etwa 3 Minuten). Vom Herd nehmen, den geriebenen Käse unterrühren und schmelzen lassen.

4 Den Fisch zerteilen und die Stücke mit der Tomaten-Käse-Sauce und den gedämpften Karotten mischen. Wenn Ihr Baby noch keine stückige Kost akzeptiert, pürieren Sie das Gericht im Mixer.

5 In Einzelportionen einfrieren. Bei Bedarf auftauen lassen, dann in der Mikrowelle oder in einem kleinen Topf erwärmen und kurz aufkochen. Umrühren und vor dem Servieren abkühlen lassen.

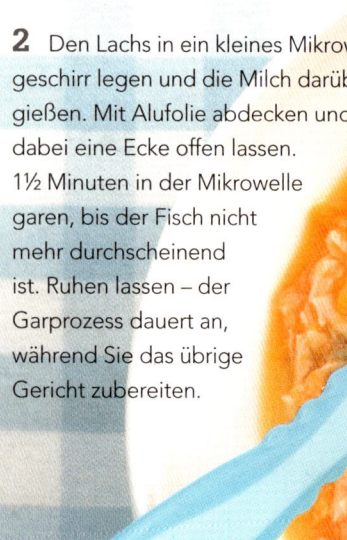

Kabeljau mit Butternusskürbis

Käsesauce passt gut zu Butternusskürbis; je nach Geschmack Ihres Babys können Sie jede Käsesorte verwenden, sofern sie pasteurisiert ist. Scholle oder Seehecht sind eine gute Alternative zu Kabeljau und ebenso nährstoffreich und »babygerecht«. Für ältere Babys geben Sie etwas weniger Milch zu.

✸ Ergibt 4 Portionen ✸ Geeignet ab 7 Monaten ✸ Vorbereitungszeit: 10 Minuten
✸ Garzeit: 11 Minuten ✸ Zum Einfrieren geeignet ✸ Enthält Eiweiß, Betacarotin, Vitamin D, Kalzium, essenzielle Fettsäuren, Eisen

Zutaten:

15 g Butter
½ kleine Zwiebel, geschält und fein gehackt (nach Wunsch)
85 g geschälter und gewürfelter Butternusskürbis
15 g Mehl
75 ml (5 EL) Milch
75 ml (5 EL) ungesalzene Gemüsebrühe oder Wasser
100 g Kabeljaufilet ohne Gräten (oder anderer Weißfisch), ohne Haut und in kleine Würfel geschnitten
30 g Parmesankäse (oder anderer Käse), fein gerieben

Zubereitung:

1 Die Butter in einem Topf zerlassen und die Zwiebel und die Kürbiswürfel hineingeben. Die Hitze so weit wie möglich reduzieren und bei geschlossenem Topf vorsichtig 5 Minuten dämpfen; dabei gelegentlich umrühren.

2 Das Mehl einrühren und 1 weitere Minute garen lassen. Vom Herd nehmen, Milch sowie Brühe oder Wasser langsam zugießen, wieder auf den Herd stellen, zum Kochen bringen und 2 Minuten unter Rühren köcheln lassen.

3 Die Fischwürfel hineingeben und 2–3 Minuten garen, bis der Fisch durchgegart ist.

4 Den Käse zugeben und das Gericht im Mixer oder in einer Schüssel mit dem Stabmixer pürieren. Für ältere Babys einfach mit einer Gabel zerdrücken.

5 In Einzelportionen einfrieren. Über Nacht im Kühlschrank oder 1–2 Stunden bei Zimmertemperatur auftauen lassen, dann in der Mikrowelle oder in einem kleinen Topf erwärmen und kurz aufkochen. Umrühren und vor dem Servieren abkühlen lassen.

Spinat-Kabeljau-Brei

Dieses geschmackvolle Fischpüree ist reich an Eiweiß, Eisen, Vitamin C und Antioxidanzien und sichert eine optimale Nährstoffversorgung Ihres Babys. Nicht püriert und mit Kartoffelbrei angerichtet, schmeckt der Fisch auch als Familiengericht.

⭐ Ergibt 3 Portionen ⭐ Geeignet ab 7 Monaten ⭐ Vorbereitungszeit: 8 Minuten
⭐ Garzeit: 16 Minuten ⭐ Zum Einfrieren geeignet ⭐ Enthält Eiweiß, Kohlenhydrate,
Betacarotin, Vitamin C, Vitamin D, Kalzium, Eisen

Zutaten:

15 g Butter
5 cm langes Stück Lauch, in feine Ringe
   geschnitten
1 mittelgroße Kartoffel, geschält und gewürfelt
100 ml ungesalzene Gemüsebrühe oder Wasser
75 ml Milch
2 Handvoll junger zarter Spinat, grob gehackt
100 g Kabeljaufilet ohne Gräten oder anderer
   Weißfisch, enthäutet und in kleine Würfel
   geschnitten
15 g Parmesankäse, frisch gerieben

Zubereitung:

1 Die Butter in einem Topf erhitzen. Den Lauch hineingeben und vorsichtig 3 Minuten unter Rühren dünsten. Die Kartoffel zugeben und 2 Minuten unter Rühren anbraten.

2 Gemüsebrühe oder Wasser und Milch angießen. Zum Kochen bringen, die Hitze reduzieren und zugedeckt 8 Minuten köcheln lassen, bis das Gemüse weich ist.

3 Spinat und Kabeljau zugeben und auf dem Herd 3 Minuten rühren bzw. so lange, bis der Spinat zusammengefallen und der Fisch gar ist. Dann den Käse einrühren und das Gericht im Mixer oder in einer Schüssel mit dem Stabmixer pürieren. Für ältere Babys mit einer Gabel zerdrücken.

4 In Einzelportionen einfrieren. Bei Bedarf über Nacht im Kühlschrank oder 1–2 Stunden bei Zimmertemperatur auftauen lassen, dann in der Mikrowelle oder in einem kleinen Topf erwärmen und kurz aufkochen. Umrühren und vor dem Servieren abkühlen lassen.

Hähnchen-Pastinaken-Brei

Hähnchen ist ein Lieblingsgericht vieler Babys. Geschmacklich passt es gut zu der zarten Konsistenz und der fruchtigen Milde von Pastinaken-püree. Sie können die Hähnchenbrust auch durch entbeinte Hähnchen-schenkel ersetzen, deren Fleisch mehr Zink und Eisen enthält. Das Gericht lässt sich gut einfrieren.

✱ Ergibt 4 Portionen ✱ Geeignet ab 7 Monaten ✱ Vorbereitungszeit: 8 Minuten ✱ Garzeit: 15 Minuten
✱ Zum Einfrieren geeignet ✱ Enthält Eiweiß, Betacarotin, Vitamin C, Zink, Eisen, Folsäure, Ballaststoffe

Zutaten:

2 TL Sonnenblumenöl
5 cm langes Stück Lauch, in Scheiben geschnitten
1 kleine Hühnerbrust, in kleine Würfel geschnitten
1 kleine Pastinake, geschält und gewürfelt
85 g Butternusskürbis, geschält und gewürfelt
½ kleiner Apfel, geschält und gerieben
250 ml ungesalzene, frisch zubereitete Hühner-
    brühe oder Wasser
1 gute Prise frisch gehackter Thymian oder
    1 kleine Prise getrockneter Thymian

Zubereitung:

1 Das Öl in einem Topf erhitzen. Den Lauch hineingeben und unter Rühren 3 Minuten düns-ten. Das Hähnchenfleisch zugeben und 2 Minuten braten.

2 Die restlichen Zutaten zugeben, zum Kochen bringen und zugedeckt bei schwacher Hitze 8–10 Minuten köcheln lassen, bis das Gemüse weich und das Hähnchen durchgegart ist.

3 Im Mixer oder in einer Schüssel mit dem Stab-mixer pürieren oder mit einer Gabel zerdrücken.

4 In Einzelportionen einfrieren. Über Nacht im Kühlschrank oder 1–2 Stunden bei Zimmertem-peratur auftauen lassen, dann in der Mikrowelle oder in einem kleinen Topf erwärmen und kurz aufkochen. Umrühren und vor dem Servieren abkühlen lassen.

Mildes Hähnchen-Aprikosen-Curry

Sie werden überrascht sein, was Ihrem Baby so alles schmeckt … bringen Sie durch milde Gewürze Abwechslung in seinen Speiseplan.

🌟 Ergibt 3–4 Portionen 🌟 Geeignet ab 7 Monaten 🌟 Vorbereitungszeit: 10 Minuten
🌟 Garzeit: 17 Minuten 🌟 Zum Einfrieren geeignet 🌟 Enthält Eiweiß, Betacarotin, Vitamin C, Eisen, essenzielle Fettsäuren, Ballaststoffe

Zutaten:
1 EL Sonnenblumenöl
1 kleine Zwiebel, geschält und gehackt
   (nach Wunsch)
¼ TL frischer Ingwer, gehackt (nach Wunsch)
1½ TL milde Currypaste
100 ml ungesalzene frisch zubereitete Hühnerbrühe oder Wasser
100 ml Kokosmilch
4 getrocknete Aprikosen, grob gehackt
½ kleiner Butternusskürbis, geschält und fein
   gewürfelt (etwa 150 g)
1 kleine Hühnerbrust, in kleine Würfel geschnitten

Zubereitung:
1 Das Öl in einem Topf erhitzen. Zwiebel und Ingwer hineingeben (wenn verwendet) und unter Rühren etwa 5 Minuten dünsten. Currypaste zugeben, 30 Sekunden rühren.

2 Die restlichen Zutaten zugeben, zum Kochen bringen. Die Temperatur herunterschalten und zugedeckt etwa 12 Minuten köcheln lassen, bis der Kürbis weich und das Hähnchenfleisch durchgegart ist.

3 Das Gericht im Mixer oder in einer Schüssel mit dem Stabmixer pürieren, bis die gewünschte Konsistenz erreicht ist.

4 In Einzelportionen einfrieren. Über Nacht im Kühlschrank oder 1–2 Stunden bei Zimmertemperatur auftauen lassen, dann in der Mikrowelle oder in einem kleinen Topf erwärmen und kurz aufkochen. Umrühren und vor dem Servieren abkühlen lassen.

Tipp:
Die restliche Kokosmilch aus der Dose oder der Packung können Sie für eine spätere Verwendung einfrieren.

Hähnchen mit Süßkartoffel und Erbsen

Dieses Gericht kombiniert leckere Zutaten, die Zugabe von Knoblauch und frischen Kräutern bringt die natürlichen Aromen voll zur Entfaltung. Es steckt voller Nährstoffe, wie Betacarotin, Ballaststoffe, Eiweiß und Antioxidanzien, und fördert so das gesunde Wachstum und die Entwicklung Ihres Babys.

★ Ergibt 5 Portionen ★ Geeignet ab 7 Monaten ★ Vorbereitungszeit: 6 Minuten
★ Garzeit: 20 Minuten ★ Zum Einfrieren geeignet ★ Enthält Eiweiß, Kohlenhydrate, Betacarotin, Vitamin C, Eisen, Zink, Folsäure, Ballaststoffe

Zutaten:

1½ EL Olivenöl
1 kleine Zwiebel, geschält und gehackt
   (nach Wunsch)
½ kleine rote Paprika, entkernt und
   gewürfelt
1 Knoblauchzehe, geschält und zerdrückt
   (nach Wunsch)
1 kleine Hähnchenbrust, in kleine Würfel
   geschnitten
2 EL naturreiner Apfelsaft
175 ml ungesalzene frisch zubereitete Hühnerbrühe oder Wasser
1 mittelgroße Zucchini, gewürfelt
½ kleine Süßkartoffel, geschält und gewürfelt
   (etwa 150 g)
4 EL Tiefkühlerbsen
6 frische Basilikumblätter, gehackt

Zubereitung:

1 Das Olivenöl in einem Topf erhitzen und die Zwiebel und die rote Paprika unter Rühren 4 Minuten dünsten. Knoblauch zugeben und 1 Minute dünsten.

2 Das Hähnchenfleisch zugeben und weitere 2–3 Minuten unter Rühren anbraten. Mit Apfelsaft und Brühe oder Wasser übergießen, Zucchini und Süßkartoffel einrühren. Zum Kochen bringen, die Temperatur zurückschalten und zugedeckt 8 Minuten köcheln lassen. Erbsen einrühren und weitere 3 Minuten garen, bis alles weich und gar ist. Basilikum unterrühren.

3 Im Mixer oder in einer Schüssel mit dem Stabmixer pürieren. Für ältere Babys im Mixer bis zur gewünschten Konsistenz zerkleinern.

4 In Einzelportionen einfrieren. Bei Bedarf über Nacht im Kühlschrank oder 1–2 Stunden bei Zimmertemperatur auftauen lassen, dann in der Mikrowelle oder in einem kleinen Topf erwärmen und kurz aufkochen. Umrühren und vor dem Servieren abkühlen lassen.

Erster Rindfleischeintopf

Rindfleisch ist eine exzellente Quelle für leicht verwertbares Eisen, das Ihr Baby für Wachstum, Entwicklung und Energiehaushalt benötigt.

✹ Ergibt 5 Portionen ✹ Geeignet ab 7 Monaten ✹ Vorbereitungszeit: 10 Minuten
✹ Garzeit: 70 Minuten ✹ Zum Einfrieren geeignet ✹ Enthält Kohlenhydrate, Eiweiß, Betacarotin, Vitamin C, Zink, Eisen, Ballaststoffe

Zutaten:

1 EL Olivenöl
1 kleine Zwiebel, geschält und gehackt
  (nach Wunsch)
1 Knoblauchzehe, geschält und zerdrückt
  (nach Wunsch)
115 g mageres Rindfleisch ohne sichtbares Fett,
  in kleine Würfel geschnitten

1 große Karotte, geschält und gewürfelt
1 große Kartoffel, geschält und gewürfelt
3 getrocknete Aprikosen, gehackt
150 ml Passata (passierte Tomaten)
200 – 250 ml ungesalzene Hühner- oder Gemüsebrühe oder Wasser

Zubereitung:

1 Das Öl in einer kleinen ofenfesten Kasserolle oder einem Topf mit schwerem Boden erhitzen und die Zwiebel 3 Minuten unter Rühren dünsten. Knoblauch zugeben und 30 Sekunden dünsten. Fleisch zugeben und unter Wenden von allen Seiten anbräunen.

2 Karotte, Kartoffel und getrocknete Aprikosen zugeben, mit Passata und Brühe oder Wasser übergießen. Zum Kochen bringen, gut umrühren, auf niedrigste Temperatur schalten und zugedeckt etwa 1 Stunde köcheln lassen, bis das Fleisch zart ist; dabei, falls nötig, noch etwas Brühe oder Wasser zugeben und gelegentlich umrühren.

3 Etwas abkühlen lassen, dann im Mixer oder in einer Schüssel mit dem Stabmixer pürieren. Für ältere Babys im Mixer oder von Hand zerkleinern.

4 In Einzelportionen einfrieren. Bei Bedarf über Nacht im Kühlschrank oder 1–2 Stunden bei Zimmertemperatur auftauen lassen, dann in der Mikrowelle oder in einem kleinen Topf erwärmen und kurz aufkochen. Umrühren und vor dem Servieren abkühlen lassen.

Grundrezept: Getreide-Obst-Brei

Etwa im achten Monat, zwei Monate nach Einführung der Mittagsmahlzeit und einen Monat nach dem Beginn der abendlichen Breifütterung,
wird die Milchmahlzeit am Nachmittag durch einen milchfreien Getreide-
Obst-Brei ersetzt. Ihr Baby erhält zu den anderen Milchmahlzeiten und bei
der Beikostmahlzeit am Mittag genügend Eiweiß und braucht nun zusätzliche Kohlenhydrate als Energiespender. Wichtig sind dabei die Getreide-
bestandteile: Reines Obstmus kann diesen Brei nicht ersetzen und Fruchtjoghurt als Nachmittagsmahlzeit würde zu viel Eiweiß liefern.

✴ Ergibt 1 Portion   ✴ Geeignet ab etwa 8 Monaten   ✴ Zubereitungszeit: 5 Minuten
✴ Enthält Kohlenhydrate, B-Vitamine, Vitamin C, Eisen, Ballaststoffe

Zutaten:

100 ml Wasser (bzw. entsprechend der Packungs-
   angabe bei den einzelnen Getreidesorten)
20 g Getreideflocken (z. B. Hafer-, Weizen-,
   Dinkel- oder Reisflocken, Grieß)
1 TL hochwertiges Pflanzenöl oder Butter
100 g Obst nach Wahl

Zubereitung:

1 Das Wasser erhitzen und die Getreideflocken
nach Packungsanweisung einrühren.

2 Die Butter einrühren.

3 Das Obst zu Mus verarbeiten und unter den
Getreidebrei mischen.

Tipp:

Zur Zubereitung des Breis können Sie statt
Getreideflocken auch zwei Zwiebacke verwenden.

Apfel-Brombeer-Kompott

Dies ist ein frischer fruchtiger Nachtisch zur Mittagsmahlzeit; Sie können ihn aber auch abends zum Milchbrei oder nachmittags zum Getreidebrei geben. Dank reichlich Vitamin C und Antioxidanzien ist er eine gesunde Leckerei.

✷ Ergibt 3–4 Portionen ✷ Geeignet ab 7 Monaten ✷ Vorbereitungszeit: 5 Minuten ✷ Garzeit: 20 Minuten ✷ Zum Einfrieren geeignet ✷ Enthält Betacarotin, Vitamin C, Folsäure, Ballaststoffe

Zutaten:

2 süße Tafeläpfel, geschält, entkernt und
   gewürfelt
200 ml Apfelsaft
150 g reife Brombeeren
½ TL natürliches Vanillearoma
1 EL Agaven- oder Ahornsirup

Zubereitung:

1 Die geschälten und gewürfelten Äpfel zusammen mit dem Apfelsaft in einen Topf mit schwerem Boden geben. Zum Kochen bringen, die Temperatur zurückschalten und zugedeckt in 8–10 Minuten weich kochen. Den Deckel abnehmen und das Kompott unter gelegentlichem Umrühren köcheln lassen, bis die Flüssigkeit verdampft ist.

2 Die Brombeeren einrühren und 3–4 Minuten garen, bis die Beeren weich sind.

3 Im Mixer oder in einer Schüssel mit dem Stabmixer pürieren, dann durch ein Sieb streichen, um die Kerne zu entfernen. Vanillearoma und Sirup einrühren.

4 In Einzelportionen einfrieren. Bei Bedarf über Nacht im Kühlschrank oder 1–2 Stunden bei Zimmertemperatur auftauen lassen.

Variationen: Apfel-Brombeer-Speise

Eine kalziumreiche, cremige Apfel-Brombeer-Speise bereiten Sie zu, indem Sie 2–3 Esslöffel Apfel-Brombeer-Kompott mit 2 Esslöffeln Vollmilchjoghurt, eventuell mit Vanillegeschmack, verrühren. Bis zum Servieren kaltstellen.

Apfel-Blaubeer-Kompott

Dieses Rezept lässt sich auch gut mit Blaubeeren zubereiten. Die Zubereitung ist identisch, Sie müssen das Kompott aber nicht durch ein Sieb streichen, um die Kerne zu entfernen.

Apfel-Birnen-Mus mit Aprikosen

Dank seiner Süße und samtigen Konsistenz schmeckt dieses feine Obstmus selbst dem schwierigsten Esser.

✳ Ergibt 4 Portionen ✳ Geeignet ab 7 Monaten ✳ Vorbereitungszeit: 8 Minuten
✳ Garzeit: 8 Minuten ✳ Zum Einfrieren geeignet ✳ Enthält Vitamin A, Vitamin C, Eisen, Ballaststoffe

Zutaten:
2 Tafeläpfel, geschält, entkernt und gewürfelt
2 reife Birnen, geschält, entkernt und gewürfelt
8 getrocknete Aprikosen, in kleine Stücke
  geschnitten
75 ml Wasser oder Apfelsaft

Zubereitung:
1 Das Obst zusammen mit dem Wasser oder Apfelsaft in einen Topf mit schwerem Boden geben. Zum Kochen bringen, die Temperatur herunterschalten, und 8 Minuten zugedeckt garen; wenn nötig, noch etwas Wasser oder Saft zugeben.

2 Das Obst im Mixer oder in einer Schüssel mit dem Stabmixer pürieren.

3 In Einzelportionen einfrieren. Bei Bedarf über Nacht im Kühlschrank oder 1–2 Stunden bei Zimmertemperatur auftauen lassen.

Apfel und Pflaumen mit Blaubeeren

Die Haut von Pflaumen und Blaubeeren enthält reichlich Ballaststoffe; wenn Ihr Baby lieber Mus mag, können Sie es durch ein Sieb streichen.

✳ Ergibt 3 Portionen ✳ Geeignet ab 7 Monaten ✳ Vorbereitungszeit: 8 Minuten ✳ Garzeit: 8 Minuten
✳ Zum Einfrieren geeignet ✳ Enthält Vitamin A, Vitamin C, B-Vitamine, Ballaststoffe

Zutaten:
2 süße Tafeläpfel, geschält, entkernt und gewürfelt
2 reife Pflaumen ohne Haut (s. Tipp S. 77) und
  ohne Stein, gewürfelt
55 g Blaubeeren
2 EL Wasser oder Apfelsaft

Zubereitung:
1 Äpfel, Pflaumen und Blaubeeren mit dem Wasser oder Saft in einen Topf geben. Aufkochen, die Temperatur herunterschalten und etwa 8 Minuten zugedeckt köcheln lassen, bis das Obst sehr weich ist; wenn nötig, noch etwas Wasser oder Saft zugeben.

2 Das Obst im Mixer oder in einer Schüssel mit dem Stabmixer pürieren.

3 In Einzelportionen einfrieren. Bei Bedarf auftauen lassen.

Samtige Aprikosen. Ein Mus aus Aprikosen, Äpfeln und Birnen lässt Ihr Baby eine ganz neue Konsistenz erfahren.

Birnen-Pflaumen-Kompott

Die Herbstaromen dieses köstlichen Obstpürees schmecken pur wunderbar; sie passen auch zum nachmittäglichen Getreidebrei oder als Nachtisch mit Joghurt. Wählen Sie Pflaumen verschiedener Farbe und Größe. Je mehr Vielfalt, umso höher der Nährstoffgehalt des Kompotts. Etwas Zimt verleiht diesem Mus nicht nur ein reichhaltiges Aroma, sondern fördert auch eine gesunde Verdauung.

✸ Ergibt 3 Portionen ✸ Geeignet ab 7 Monaten ✸ Vorbereitungszeit: 8 Minuten ✸ Garzeit: 10–30 Minuten ✸ Zum Einfrieren geeignet ✸ Enthält Vitamin A, Vitamin C, B-Vitamine, Ballaststoffe

Zutaten:

100 ml naturreiner Apfelsaft
2 reife Birnen, geschält, entkernt und gewürfelt
3 große Pflaumen ohne Haut (s. Tipp S. 77), entsteint und klein geschnitten
1 kleine Prise gemahlener Zimt (nach Wunsch)
Einige Tropfen natürlicher Vanilleextrakt

Zubereitung:

1 Den Apfelsaft in 3–5 Minuten auf die Hälfte der Menge einkochen lassen.

2 Birnen, Pflaumen und Zimt in einen Topf mit schwerem Boden geben. Zugedeckt 5–10 Minuten köcheln lassen, bis der Saft aus den Früchten austritt.

3 Den Deckel abnehmen und 10–20 Minuten köcheln lassen, bis das Obst weich und die Flüssigkeit verdampft ist (die Kochzeit variiert entsprechend dem Reifegrad des Obstes). Apfelsaftkonzentrat und Vanilleextrakt unterrühren.

4 Im Mixer zerkleinern oder pürieren, in einer Schüssel mit dem Stabmixer pürieren oder durch ein Sieb streichen.

5 In Einzelportionen einfrieren. Bei Bedarf über Nacht im Kühlschrank oder 1–2 Stunden bei Zimmertemperatur auftauen lassen.

Menüplaner: 6 bis 9 Monate

Sobald Ihr Baby sich an seinen ersten Gemüsebrei und an Obstmus gewöhnt hat, gehören auch eiweißreiche und nährstoffdichte Nahrungsmittel, wie Hähnchen, Fleisch und Käse, auf seinen Speiseplan. Auch Eisen ist wichtig, da die körpereigenen Vorräte mit sieben Monaten knapp werden. Geben Sie ab dem achten, neunten Monat auch stückigere Kost.

Tag	Frühstück	Mittagessen	Nach-mittag	Abend	Zum Ein-schlafen (nach Bedarf)
1	Brust/Flasche	Hähnchen mit Süßkartoffel und Erbsen; Bananenmus	Dinkel-Birnen-Brei	Haferbrei mit Apfel	Brust/Flasche
2	Brust/Flasche	Kartoffeln-Karotten-Mais-Brei; Birnen-Pflaumen-Kompott	Haferflocken-Bananen-Brei	Grießbrei mit Pfirsichmus	Brust/Flasche
3	Brust/Flasche	Lauch-Süßkartoffel-Blumenkohl-Brei mit Käse; Apfel-Blaubeer-Kompott	Zwieback-Pfirsich-Brei	Reis-Birnen-Brei	Brust/Flasche
4	Brust/Flasche	Erster Rindfleischeintopf; Apfel-Birnen-Mus mit Aprikosen	Grieß-Aprikosen-Brei	Milch-Dinkel-Brei mit Apfelmus	Brust/Flasche
5	Brust/Flasche	Annabels leckerer Lachs; Birnen-Pflaumen-Kompott	Reis-Apfel-Brei	Haferbrei mit Banane	Brust/Flasche
6	Brust/Flasche	Linsenpüree mit Süßkartoffel; Mangopüree	Weizen-Bananen-Brei	Grieß-Aprikosen-Brei	Brust/Flasche
7	Brust/Flasche	Hähnchen-Pastinaken-Püree; Pfirsich-Bananen-Mus	Zwieback-Birnen-Brei	Dinkelbrei mit Birnenkompott	Brust/Flasche

⭐ **Dritte Phase** – 10 bis 12 Monate

Ausgewogen essen

Sobald Ihr Baby **verschiedenste Nahrungs-mittel** und auch größere Stücke isst, gehen die Babymahlzeiten nach und nach in die **drei Haupt-mahlzeiten** über. Es trinkt immer weniger Milch, daher wird es wichtiger, dass **seine Ernährung ausgewogen** ist. Sie können die Familienmahlzei-ten gut auf seinen kleinen Bauch abstimmen und Ihr Baby **gemeinsam mit der Familie essen** lassen. Jetzt ist es auch Zeit, dass es lernt, selber zu essen – seien Sie auf viel Kleckern gefasst!

✶ Menüplaner auf Seite 124

10 bis 12 Monate: Eine ausgewogene Ernährung

Wenn der erste Geburtstag naht und Ihr Baby weniger Milchmahlzeiten bekommt, wird es noch wichtiger, dass es eine ausgewogene, vielseitige Kost erhält. Sein Magen ist klein, daher sollte alles, was es isst, zu seiner Nährstoffversorgung beitragen.

Die Mahlzeiten des Babys planen

Zu einer abwechslungsreichen Kost gehören verschiedene Nahrungsmittel. Babys benötigen Eiweiß, Kohlenhydrate, Fette, Vitamine und Mineralstoffe (s. S. 14ff.). Eine ausreichende Nährstoffzufuhr erreichen Sie am besten, wenn Sie möglichst häufig verschiedene Nahrungsmittel anbieten – zu einer Mahlzeit z. B. pflanzliches Eiweiß in Form von Soja oder Hülsenfrüchten, zur anderen Fisch oder Fleisch und Rührei oder Joghurt zur nächsten. Nudeln oder Brot aus Weizen oder Dinkel liefern gesunde Kohlenhydrate; doch auch hier sollten Sie zwischendurch abwechseln, z. B. mit Reis, Kartoffeln oder mit anderen Getreidesorten, wie Quinoa, Buchweizen oder Hafer.

> **„** *Die allermeisten Babys essen von sich aus nicht zu viel. Solange Sie ihm kein Essen aufdrängen, wenn es bereits satt ist, dürfte es keine Probleme geben.* **„**

Experimentieren Sie mit dem ganzen Spektrum an hellem Obst und Gemüse; bereiten Sie auch einmal Süßkartoffel- und Kürbisgerichte zu. Geben Sie Beeren und exotische Früchte, wie Mango, Kiwi, Papaya, statt immer nur Äpfel und Bananen. Verwenden Sie Frühlingsgemüse, Spi-

Fünfmal täglich. Mit gedämpftem Gemüse als Fingerfood erhält Ihr Baby fünf Portionen Obst und Gemüse am Tag.

nat, auch Kohl und gegrillte Paprikastreifen sowie grüne und gelbe Zucchini. Sie enthalten wichtige Nährstoffe. Je vielfältiger Sie Ihr Baby ernähren, umso besser.

Ausgewogenheit schaffen

Jede Mahlzeit sollte Kohlenhydrate, Eiweiß und Obst oder Gemüse enthalten: Empfohlen werden fünf Portionen Obst und Gemüse am Tag. Wichtig ist eine eisenreiche Eiweißquelle pro Tag (z. B.

Fleisch, Fisch oder Geflügel); zu den anderen Mahlzeiten sollte es andere Eiweißarten geben. Idealerweise bekommt Ihr Baby ein- oder zweimal in der Woche Fisch. Dieser versorgt es mit gesunden Fetten (essenzielle Fettsäuren).

Nüsse, Butter, Avocados, gemahlene Samen und Milchprodukte liefern ebenfalls wichtige Fette. Ihr Kind muss keine großen Mengen von jedem Nahrungsmittel essen – achten Sie einfach auf viel Abwechslung.

Drei Mahlzeiten am Tag

Am Ende des ersten Lebensjahres isst Ihr Baby drei Hauptmahlzeiten am Tag; die Menge kann dabei aber beträchtlich schwanken. Vielleicht wollen Sie ihm morgens weniger Milch geben, damit es »richtig« frühstückt. Machen Sie sich keine Sorgen, wenn Ihr Baby über den Tag verteilt gerne immer wieder eine Kleinigkeit isst. Solange Sie ihm dabei abwechslungsreiche, nährstoffreiche Lebensmittel geben, ist das völlig in Ordnung.

Die allermeisten Babys essen von sich aus nicht zu viel. Solange Sie ihm kein Essen aufdrängen, wenn es bereits satt ist, dürfte es keine Probleme geben.

Was biete ich als Nachtisch an?

Für ein fast Einjähriges kann der Nachtisch durchaus wichtig werden. Er ist zwar nicht unbedingt notwendig, kann aber ein Anreiz sein, das Hauptgericht aufzuessen. Wenn Ihr Baby weiß, dass es noch »Pudding« bekommt, isst es das Hauptgericht vielleicht eher auf.

Sie müssen aber keineswegs ein besonderes Dessert zubereiten. Frisches Obstmus mit Naturjoghurt, ein selbst gemachter Keks, etwas Trockenobst oder ein Eislolly aus frischem Obst runden eine Mahlzeit ab.

Gesunde Snacks

Jedes Baby hat seinen eigenen Appetit, und wenn ein Wachstumsschub bevorsteht, haben viele einen wahren Heißhunger. Dann reichen die normalen Mahlzeiten und die Milch nicht aus. Zwischenmahlzeiten bieten eine gute Ergänzung – und eine prima Gelegenheit, Nahrungsmittel einzuführen, die als Hauptmahlzeit weniger geeignet sind.

Setzen Sie Ihrem Baby einen kleinen Teller mit köstlichem, gesundem Fingerfood vor, z. B. kleine Toaststücke mit Hummus (Kichererbsenmus), Beeren, Käsewürfel, leicht gedämpftes Gemüse, Mini-Sandwiches mit Käse oder Thunfisch oder eine kleine Reiswaffel. Diese Snacks sind Bestandteil seiner vollwertigen Ernährung, keine »Nascherei«.

Zeit für Nachtisch. Joghurt mit Obstmus, z. B. aus Pfirsich, ist gesünder als gekaufter Fruchtjoghurt.

Feste Kost: Kraftvoll zubeißen

Nicht alle Babys nehmen Kost mit festeren Stücken gerne an; die meisten essen sie aber dank ein wenig elterlicher Beharrlichkeit bald. Sie können gerne manche Speisen weiterhin pürieren, doch mit zehn bis zwölf Monaten ist es an der Zeit, dass Ihr Baby kauen und schlucken lernt. Sie können es dabei gut unterstützen und seine Freude an neuen Gerichten wecken.

Zerdrücken, hacken, klein schneiden

Eine gute Möglichkeit, festere Kost einzuführen, ist das Zerdrücken von verschiedenen Gemüsesorten, wie Kartoffeln, Karotten, Brokkoli, mit der Gabel. Geben Sie etwas Milch und Butter und evtl. geriebenen Käse dazu. Auch gekochtes und rohes Obst lässt sich mit der Gabel zerdrücken. Beim Hacken bleiben die Speisen so stückig, dass Ihr Baby ein wenig kauen muss. Sobald Ihr Kleines gehackte und zerdrückte Speisen akzeptiert, schneiden Sie seine Speisen klein, zunächst in ganz kleine Stücke, dann immer ein weniger gröber. Manche Babys mögen größere, klar erkennbare Stücke lieber als kleine Klümpchen, die plötzlich im Brei auftauchen.

> **❝** Sie können gerne manche Speisen weiterhin pürieren, doch mit zehn bis zwölf Monaten ist es an der Zeit, dass Ihr Baby kauen und schlucken lernt. **❞**

Fleisch, Geflügel, Eiweiß

Fleisch ist manchen Babys zu mühsam zu kauen, sodass sie es ablehnen. Mischen Sie einfach gekochtes Hackfleisch mit Nudeln oder Kartoffelbrei. Sie können auch kleine Fleischbällchen oder Mini-Burger zubereiten. Stücke von gegrilltem Hähnchen eignen sich als Fingerfood.

Alternativen sind paniertes Hähnchenfleisch und Fischstäbchen. Festere Fleischsorten wie Lamm und Rind werden durch langsames Garen zarter. Reichern Sie Nudel- oder Reisgerichte mit kleinen Fleischstückchen an.

Geben Sie auch andere gesunde Eiweißlieferanten, wie Hülsenfrüchte, als Fingerfood. Kichererbsen, Wachsbohnen und sogar Kidneybohnen essen viele Babys gern in dieser Form.

Unterschiedliche Konsistenzen

Stellen Sie Ihrem Baby einen kleinen Teller mit Nahrungsmitteln verschiedener Konsistenz zusammen. Bereiten Sie z. B. kleine Bällchen aus Hähnchenhackfleisch zu, zerdrücken Sie einige Kartoffeln grob mit der Gabel und legen Sie rohes Gemüse, wie Karottensticks oder Gurken, mit einem leckeren Dip dazu. Oder rühren Sie etwas gekochtes Gemüse, z. B. Karotten, Zucchini und Paprika, in Tomatensauce und servieren Sie sie zu Muschelnudeln. Danach gibt es einen selbst gebackenen Keks oder Muffin.

Sie können auch verschiedenes Obst, Gemüse, Fleisch, Fisch oder Geflügel, Milchprodukte sowie Kohlenhydrate zu einer Mahlzeit anbieten. Manches davon kann Ihr Baby selbst von einem Teller nehmen, anderes füttern Sie ihm mit dem Löffel. Dann kaut es sein Finger-food, während Sie ihm den Löffel in den Mund schieben. Dabei mischen sich die verschiedenen Aromen und Konsistenzen. Lassen Sie es mit Fingerfood andere Speisen auf dem Teller auf-stippen. Das ergibt immer neue überraschende Kombinationen. Praktisch ist ein Teller mit Unterteilungen – Babys haben gern jede einzelne Speise einzeln.

Kauen üben. Mit Hähnchen-Bolognese und kleinen Nudeln gewöhnt sich Ihr Baby an die Kombination von festen und weichen Speisen.

Selber essen – so klappt es

Jedes Baby lernt mit der Zeit, selber zu essen, auch wenn es ein wenig dauert. Sie unterstützen diesen Prozess, wenn Sie Ihrem Baby schon früh die Möglichkeit geben, es selber zu probieren. Lassen Sie es mit seinem Essen spielen, geben Sie ihm bei einer Mahlzeit verschiedenes Fingerfood zum Lutschen und Knabbern. Manches davon wird es tatsächlich essen.

Wie lange dauert es?

Die meisten Kinder sind erst mit zwei oder drei Jahren in der Lage, richtig selber zu essen; bis dahin müssen Mama und Papa dafür sorgen, dass genügend Nahrung in ihren Mund gelangt. Wenn Ihr Baby einen großen Selbstständigkeitsdrang hat, wehrt es sich vielleicht gegen das Füttern. Dann kann es dabei fast ein Gerangel geben. Meist hilft jedoch Ablenkung. Oder helfen Sie ihm, seinen eigenen Löffel richtig zum Mund zu führen. Füttern Sie es mit einem möglichst großen Teil der Mahlzeit, damit Sie wissen, was es zu sich nimmt. Zwar können manche Babys in Rekordzeit eine Schüssel selber leeren, doch manchmal landet dabei das meiste auf ihrem Lätzchen, dem Hochstuhl oder dem Boden.

Geben Sie Ihrem Baby einen kleinen Löffel oder eine weiche, biegsame Gabel mit dickem Griff und lassen Sie es das Essen in seiner Schüssel (oder auf Ihrem Teller) zusammenschieben und zum Mund führen. Ermuntern Sie es, auch mit den Fingern zu essen. In diesem Alter stecken Babys fast alles in den Mund und erkunden dadurch neue Dinge. Warum sollten sie das nicht auch mit dem Essen machen? Immerhin hat Ihr Kind dabei das Gefühl, selbst über sein Essen zu bestimmen.

Viele Monate lang wird es nun selbst die matschigsten Speisen mit der Hand essen: Binden Sie ihm ein Lätzchen um und legen Sie eine Schutz-

Anfassen und fühlen. Lassen Sie Ihr Baby mit dem Essen spielen. Das gehört zur Beikost und zum Essenlernen dazu.

matte unter den Hochstuhl – das erleichtert das Saubermachen.

Mit dem Essen spielen

Lassen Sie Ihr Kind mit dem Essen spielen – das ist ein wichtiger Teil seines Entwicklungsprozesses. Nehmen Sie die Panscherei gelassen – Ihr Baby sollte sein Essen anfassen und damit hantieren dürfen und es ohne Angst, ausgeschimpft zu werden, in den Mund stecken dürfen. Es entdeckt dabei, wie unterschiedlich Speisen sich anfühlen und schmecken.

Keine Lust zum Selberessen

Manche Babys haben kein Interesse, selber zu essen, und lassen sich bereitwillig füttern. Natürlich ist Ihr Baby in diesem Alter noch sehr abhängig und muss auch noch regelmäßig gefüttert werden; doch Sie sollten es auf jeden Fall zum Selberessen anleiten. Kaufen Sie ihm ein buntes Kinderbesteck und eine eigene Schüssel. Zeigen Sie ihm, was es damit tun kann. Babys werden nicht mit dem Wissen geboren, wie man einen Löffel oder eine Gabel benutzt; führen Sie zunächst bei jeder Mahlzeit seine Hand bzw. machen Sie es ihm vor, bis es den Bogen heraushat.

> **Lassen Sie es mit seinem Essen spielen, geben Sie ihm verschiedenes Fingerfood zum Lutschen und Knabbern. Manches davon wird es tatsächlich essen.**

Geben Sie ihm zu Beginn einer Mahlzeit, wenn es richtig hungrig ist, eine Schüssel mit Essen und lassen Sie es fünf Minuten damit hantieren. Bestimmt gelangt zumindest ein wenig davon in seinen Mund. Babys sind geborene Imitatoren; sie wollen sein wie Mama und Papa oder die Geschwister. Wenn Sie Ihr Baby an den Familienmahlzeiten teilnehmen lassen, bekommt es schnell heraus, wie man isst.

Und wenn gar nichts hilft – keine Panik. Vielleicht gefällt es Ihrem Baby einfach, gefüttert zu werden. Dann lernt es eben später essen. Verlocken Sie es mit leckeren Mahlzeiten und Fingerfood und loben Sie sein Bemühen.

David fragt …

Mein Kleiner schleudert die Schüssel durchs Zimmer und wirft alles vom Hochstuhl. Ich weiß nicht, wie viel er isst, und die Sauerei regt mich auf!

Zuallererst müssen Sie akzeptieren, dass die meisten Babys kleckern: mit den Händen essen, mit dem Essen spielen, die Speisen zwischen den Händen zermatschen – dabei lernen sie viel über die verschiedenen Speisen. Meiner Erfahrung nach sind Babys, die mit dem Essen spielen dürfen, eher gute Esser. Ihnen machen die Mahlzeiten Spaß, sie haben die Möglichkeit zu experimentieren und lernen früher, selber zu essen.

Dennoch sind ein paar Grundregeln sinnvoll. Sie können es davon abhalten, Essen hinunterzuwerfen, indem Sie Ihre Missbilligung äußern und ihm jedes Mal seine Schüssel wegnehmen. Praktisch ist eine Breischüssel mit Saugnapf, die fest auf dem Hochstuhltablett steht.

Überlegen Sie auch, ob Ihr Baby aus Langeweile beginnt, mit Essen zu werfen. Vielleicht ist es satt und möchte aus dem Hochstuhl heraus.

Familienkost

Da Ihr Baby nun immer mehr Geschmacksrichtungen und Konsistenzen kennt, kann es bald am Familientisch mitessen. Manche Rezepte müssen etwas an seine Bedürfnisse angepasst werden. Eine gute Gelegenheit, dass die ganze Familie lernt, bewusster zu essen!

Babygerechte Familienmahlzeiten

Die meisten vollwertigen, frischen Nahrungsmittel sind für Babys geeignet; achten Sie nur darauf, weder Salz noch Zucker zuzugeben (Entsprechendes gilt für Würzungen und Saucen). Gegrilltes Hähnchen mit Kartoffelbrei und etwas Rahmspinat oder Karotten ergibt eine perfekte Mahlzeit für Ihr Kleines. Schneiden Sie Hähnchen und Karotten sehr klein oder hacken oder pürieren Sie sie und die Mahlzeit ist ohne zusätzliches Kochen fertig. Genauso können Sie Suppen, Eintöpfe, Geschmortes und sogar Nudelgerichte im Mixer zerkleinern und evtl. noch etwas Flüssigkeit zugeben.

> *Gemeinsame Mahlzeiten fördern die Freude am Essen. Ihr Baby lernt, diese soziale Situation zu genießen.*

Was ist mit Kräutern und Gewürzen?

Es gibt keine Kräuter oder Gewürze, die von vornherein vom Speiseplan Ihres Babys gestrichen werden sollten (außer Salz und Zucker). Aber natürlich mag ein Baby manchmal das eine oder andere Aroma nicht oder es verträgt ein Gewürz nicht. Geben Sie jeweils nur ein neues Gewürz bei; wenn dieses keine Probleme bereitet, können Sie weitere verwenden.

Kräuter sind eine köstliche und nährstoffreiche Ergänzung der Babykost und werten Nahrungsmittel geschmacklich auf. Alle grünen Kräuter, wie Koriander, Basilikum, Thymian, Petersilie und Dill, können unbedenklich verwendet werden; zur Zubereitung von Fisch, Hähnchen und Gemüse können Sie auch Zimt, Rosmarin und Lorbeerblätter verwenden. Je mehr Aromen Ihr Kind in jungen Jahren kennenlernt, umso mehr Speisen wird es mögen.

Wenn Ihr Baby den Geschmack mag und keine Reaktionen auftreten (Durchfall, Unruhe, Hautausschlag und angezogene Knie), können Sie das ganze Sortiment an Gewürzen verwenden. Experimentieren Sie, dann werden Sie erfahren, was Ihrem Baby schmeckt.

Gemeinsames Essen ist wichtig

Gemeinsame Mahlzeiten fördern die Freude am Essen. Ihr Baby lernt, diese soziale Situation zu genießen. Studien zeigen, dass Kinder, die gemeinsam mit ihren Eltern essen, tendenziell mehr Obst und Gemüse und weniger fette und süße Lebensmittel essen. Sie übernehmen gute Essgewohnheiten auf der Basis der familiären Gepflogenheiten und essen abwechslungsreicher. Sie probieren neue Nahrungsmittel, weil alle sie essen. Babys ahmen Eltern und Geschwister nach; bieten Sie Ihrem Baby daher etwas von Ihrem Gericht an – Sie werden überrascht sein, was es alles isst.

Unterwegs

Die ersten Versuche mit Beikost finden sicherlich am besten zu Hause statt. Doch schnell kommt die Zeit, in der Sie Ihr Baby auch einmal außer Haus füttern wollen. Vielleicht müssen Sie ihm auch etwas zu essen mitgeben, wenn es zur Tagesmutter geht.

Babykost richtig transportieren

In einer Isoliertasche mit Kühlakku hält sich Babykost tagsüber frisch. Soll Brei längere Zeit gekühlt werden, lohnt sich die Anschaffung einer Thermosflasche mit weiter Öffnung, in die Sie gekühlten Brei oder gefrorene Breiwürfel geben können. Nach dem Auftauen müssen Sie den Brei aufkochen, um Bakterien zu zerstören, und ihn vor dem Füttern wieder abkühlen lassen.

Fingerfood ist leicht zu transportieren und hält sich bei Zimmertemperatur einige Stunden. Obst und Gemüse, Dinkelstangen, kleine belegte Brote, Reiswaffeln und Trockenobst stillen den Hunger des Babys. Sie können auch Lebensmittel mitnehmen, die vor dem Verzehr einfach püriert, zerdrückt oder klein geschnitten werden, wie Bananen, Mango, Papaya oder sehr reife Birnen oder Pfirsiche.

Die Vesperdose Ihres Babys

Für die Kinderkrippe oder einen Tagesausflug bereiten Sie eine Vesperdose vor. Aus Fingerfood lassen sich gesunde, leckere Mahlzeiten zusammenstellen: kleine Käsewürfel, Hähnchenfleischstücke, Hackfleischbällchen, Mini-Sandwiches mit Frischkäse oder Gurken- und Karottensticks. Als Nachtisch schmeckt frisches und getrocknetes Obst oder Obstmus, Joghurt oder Quark in einer kleinen Dose. Bananen sind ideal zum Mitnehmen, aber auch Mangoscheiben, frisch oder getrocknet.

Schmeckt wie zu Hause. Für unterwegs stellen Sie Ihrem Baby eine Vesperdose mit leckerem Fingerfood zusammen.

Wenn Sie Ihrem Baby unterwegs eine warme Mahlzeit geben wollen, wie Gemüsebrei oder ein Nudelgericht, erhitzen Sie das Gericht zu Hause und füllen Sie es sofort in eine Thermosflasche, in der es bis zu vier Stunden heiß bleibt.

Auswärts essen

Babys sind neugierig und nehmen oft voller Begeisterung Speisen von Mamas oder Papas Teller. Lassen Sie es Nudeln, Brot, Obst oder Gemüse, Kartoffelbrei, Rührei, weichen Reis mit Milch und zerdrücktes frisches, reifes Obst probieren. Sie können Ihrem Baby auch etwas Sauce anbieten.

Nudelsauce Tomate-Basilikum

Frisches Basilikum und Parmesan sorgen bei dieser feinen, sahnigen Tomatensauce für viel Geschmack und machen das Salz überflüssig. Sie können die Sauce auch in Einzelportionen einfrieren und sie bei Bedarf zu frisch gekochten Nudeln reichen.

✴ Ergibt 4 Portionen ✴ Geeignet ab 10 Monaten ✴ Vorbereitungszeit: 5 Minuten
✴ Garzeit: 20 Minuten ✴ Zum Einfrieren geeignet ✴ Enthält Eiweiß, Betacarotin, Vitamin D, Vitamin C, Kalzium, Ballaststoffe (und Kohlenhydrate, wenn sie mit Nudeln serviert wird)

Zutaten:
1 EL Olivenöl
½ kleine Zwiebel, geschält und gehackt
 (nach Wunsch)
½ Knoblauchzehe, geschält und zerdrückt
 (nach Wunsch)
1 kleine Karotte, geschält und geraspelt
200 ml Passata (passierte Tomaten)
3 EL Wasser
2 frische Basilikumblätter, grob gehackt
1 TL frisch geriebener Parmesankäse
1 EL vollfetter Frischkäse

Zum Anrichten:
55 g Muschelnudeln

Zubereitung:
1 Das Öl in einem Topf erhitzen. Zwiebel, Knoblauch und Karotte hineingeben, umrühren und zugedeckt 5 Minuten bei mittlerer Hitze dünsten.

2 Passata und Wasser angießen. Zum Kochen bringen, die Temperatur zurückschalten und zugedeckt 15 Minuten köcheln lassen.

3 Die Sauce mit Basilikum und Käse im Mixer oder in einer Schüssel mit dem Stabmixer pürieren.

4 Inzwischen die Nudeln entsprechend der Packungsanweisung in siedendem Wasser kochen. Abgießen und wieder in den Topf geben. Die Sauce unterrühren, alles etwas abkühlen lassen und servieren.

5 In Einzelportionen einfrieren. Bei Bedarf über Nacht im Kühlschrank oder 1–2 Stunden bei Zimmertemperatur auftauen lassen, dann in der Mikrowelle oder in einem kleinen Topf erwärmen und kurz aufkochen. Umrühren und vor dem Servieren abkühlen lassen.

Himmlisches Couscous

Wenn Ihr Baby gern saftige Speisen mag, geben Sie vor dem Servieren etwas Tomaten-Basilikum-Sauce (s. gegenüber) oder einen Löffel warme Passata unter das Couscous.

✳ Ergibt 3–4 Portionen ✳ Geeignet ab 10 Monaten ✳ Vorbereitungszeit: 10 Minuten
✳ Garzeit: 15 Minuten ✳ Zum Einfrieren geeignet ✳ Enthält Eiweiß, Kohlenhydrate, Betacarotin, Vitamin C, B-Vitamine, Kalzium, Eisen, Zink, Ballaststoffe

Zutaten:

2 TL Olivenöl
½ kleine Zwiebel, geschält und gehackt
  (nach Wunsch)
¼ orangefarbene Paprika, entkernt und gehackt
1 kleine Hähnchenbrust, in kleine Würfel
  geschnitten
½ Knoblauchzehe, geschält und zerdrückt
  (nach Wunsch)
2 EL Tiefkühlerbsen
90 ml ungesalzene, frisch gekochte Hühnerbrühe
  oder Gemüsebrühe oder Wasser
75 g Couscous
15 g Parmesan, frisch gerieben

Zubereitung:

1 Das Öl in einem Topf erhitzen, Zwiebel, Paprika und Hähnchen 3 Minuten unter Rühren anbraten. Den Knoblauch einrühren und 30 Sekunden dünsten.

2 Erbsen und Brühe oder Wasser dazugeben, zum Kochen bringen, die Temperatur zurückschalten und etwa 5 Minuten zugedeckt köcheln lassen, bis Hähnchen und Gemüse gar sind.

3 Das Couscous einrühren, vom Herd nehmen, zudecken und 5 Minuten stehen lassen. Das fertige Couscous mit einer Gabel auflockern und vor dem Servieren den Parmesan unterrühren.

4 In Einzelportionen einfrieren. Bei Bedarf über Nacht im Kühlschrank oder 1–2 Stunden bei Zimmertemperatur auftauen lassen, dann in der Mikrowelle oder in einem kleinen Topf erwärmen und kurz aufkochen. Umrühren und vor dem Servieren abkühlen lassen.

Nudel-Risotto

Dieses Gericht ist ein echtes Geschmackserlebnis. Sie können nach Belieben weiteres Gemüse zugeben, um es noch nährstoffreicher zu machen.

✸ Ergibt 4 Portionen ✸ Geeignet ab 10 Monaten ✸ Vorbereitungszeit: 5 Minuten
✸ Garzeit: 11 Minuten ✸ Zum Einfrieren geeignet ✸ Enthält Kohlenhydrate, Eiweiß,
Betacarotin, Folsäure, Vitamin C, Kalzium, Ballaststoffe

Zutaten:

75 g Suppennudeln (z. B. Orzo) oder andere
   kleine Nudeln
1 kleine Karotte, geschält und sehr klein gewürfelt
250 ml kochendes Wasser
1 kleine Zucchini, geschält und sehr klein gewürfelt
3 EL Tiefkühlerbsen
15 g Butter in kleinen Flöckchen
30 g Parmesan, frisch gerieben

Zubereitung:

1 Die Nudeln mit der Karotte in einen Topf
geben. Mit kochendem Wasser übergießen,
zum Kochen bringen, umrühren,
die Temperatur zurück-
schalten und
5 Minuten
zugedeckt
köcheln
lassen.

2 Die Zucchini zugeben, wieder zudecken und
3 Minuten kochen. Erbsen einrühren und weitere
3 Minuten kochen.

3 Butter und Parmesan unterrühren. Vor dem
Servieren etwas abkühlen lassen.

4 In Einzelportionen einfrieren. Bei Bedarf
auftauen lassen, dann in der Mikrowelle oder in
einem kleinen Topf erwärmen und kurz aufkochen. Umrühren und vor dem Servieren abkühlen
lassen.

Hähnchen-Bolognese

Dieses aromatische Gericht ist eine leckere Alternative zur traditionellen Sauce Bolognese und passt gut zu jeder Nudelsorte. Es ist reich an Eiweiß, Betacarotin und Antioxidanzien, enthält sogar etwas Eisen und bietet so eine ausgewogene Mahlzeit. Sie können die Sauce auch in Einzelportionen einfrieren, nach dem Auftauen erhitzen und zu frisch gekochten Nudeln reichen.

✳ Ergibt 4 Portionen ✳ Geeignet ab 10 Monaten ✳ Vorbereitungszeit: 10 Minuten
✳ Garzeit: 15 Minuten ✳ Zum Einfrieren geeignet ✳ Enthält Eiweiß, Betacarotin, Vitamin C, B-Vitamine, Eisen, Zink (und Kohlenhydrate, wenn sie mit Nudeln serviert wird)

Zutaten:
1 EL Olivenöl
½ kleine Zwiebel, geschält und fein gehackt (nach Wunsch)
1 kleine Karotte, geschält und geraspelt
½ große oder 1 kleine Knoblauchzehe, geschält und zerdrückt (nach Wunsch)
85 g Hähnchenhackfleisch (ich verwende Fleisch von Hähnchenschenkeln)
½ TL gehackter frischer Thymian oder 1 gute Prise getrockneter Thymian
200 ml Passata (passierte Tomaten)
100 ml reiner Apfelsaft
1 TL Tomatenmark
½ TL Worcestersauce (nach Wunsch)
4 frische Basilikumblätter, gehackt

Zum Anrichten:
55 g Muschelnudeln

Zubereitung:
1 Das Öl in einem Topf erhitzen und die Zwiebel und die Karotte unter Rühren 3 Minuten dünsten. Knoblauch zugeben, weitere 30 Sekunden dünsten.

2 Das Hähnchenhackfleisch dazugeben und unter Rühren anbraten, bis es Farbe annimmt und krümelig wird.

3 Thymian, Passata und Apfelsaft zugeben. Zum Kochen bringen, Tomatenmark und Worcestersauce einrühren. Die Temperatur zurückschalten und 10 Minuten zugedeckt köcheln lassen. Das Basilikum unterrühren.

4 Inzwischen die Nudeln entsprechend der Packungsanweisung in siedendem Wasser kochen. Abgießen und wieder in den Topf geben. Die Sauce unterrühren, leicht abkühlen lassen und servieren.

5 In Einzelportionen einfrieren. Bei Bedarf über Nacht im Kühlschrank oder 1–2 Stunden bei Zimmertemperatur auftauen lassen, dann in der Mikrowelle oder in einem kleinen Topf erwärmen und kurz aufkochen. Umrühren und vor dem Servieren abkühlen lassen.

Annabels leckere Bolognese

Rotes Fleisch ist die beste Eisenquelle für Ihr Baby. Besonders zwischen sechs Monaten und zwei Jahren ist genügend Eisen sehr wichtig. Die Kombination aus roter Zwiebel, Karotte und Apfel verleiht dieser Sauce ein köstliches Aroma. Sie können sie auch in Einzelportionen einfrieren, nach dem Auftauen erhitzen und zu frisch gekochten Nudeln, Reis oder Kartoffelpüree servieren.

✱ Ergibt 4 Portionen ✱ Geeignet ab 10 Monaten ✱ Vorbereitungszeit: 10 Minuten
✱ Garzeit: 30 Minuten ✱ Zum Einfrieren geeignet ✱ Enthält Eiweiß, Betacarotin, Vitamin C,
Eisen, Zink, Ballaststoffe (und Kohlenhydrate, wenn sie zu Nudeln, Reis oder Kartoffelbrei gereicht wird)

Zutaten:

1 EL Sonnenblumenöl
1 kleine rote Zwiebel, geschält und fein gehackt
    (nach Wunsch)
1 kleine Karotte, geschält und geraspelt
½ Stange Sellerie ohne Fasern, fein gehackt
½ kleiner Tafelapfel, geschält und geraspelt
4 EL Wasser
200 ml Passata (passierte Tomaten)
150 g mageres Rinderhackfleisch
1 kleine Knoblauchzehe, geschält und zerdrückt
    (nach Wunsch)
75 ml ungesalzene, frisch zubereitete Rindfleisch-
    oder Gemüsebrühe oder Wasser
1 TL gehackter frischer Thymian oder
    ¼ TL getrockneter Thymian

Zum Anrichten:

55 g Muschelnudeln

Zubereitung:

1 Das Öl in einem Topf erhitzen, Zwiebel, Karotte, Sellerie und Apfel 2 Minuten leicht andünsten. Das Wasser zugießen, umrühren und 8 Minuten zugedeckt bei schwacher Hitze garen.

2 Gemüse in den Mixer geben, Passata zugießen und pürieren.

3 Inzwischen das Hackfleisch in einer beschichteten Pfanne ohne Fett anbraten. Den Knoblauch zugeben und 30 Minuten dünsten.

4 Die Tomaten-Gemüse-Sauce über das Fleisch gießen. Brühe oder Wasser und Thymian zugeben, zum Kochen bringen, die Temperatur zurückschalten und zugedeckt in etwa 15 Minuten sämig köcheln lassen.

5 Unterdessen die Nudeln entsprechend der Packungsanweisung in siedendem Wasser kochen. Abgießen und wieder in den Topf geben. Die Sauce unterrühren, leicht abkühlen lassen und servieren.

6 In Einzelportionen einfrieren. Bei Bedarf über Nacht im Kühlschrank oder 1–2 Stunden bei Zimmertemperatur auftauen lassen, dann in der Mikrowelle oder in einem kleinen Topf erwärmen und kurz aufkochen. Umrühren und vor dem Servieren abkühlen lassen.

Käse-Reis-Bällchen

Diese Käse-Reis-Bällchen passen zu Mini-Fleischbällchen (s. S. 116) oder zu Annabels Hähnchen-Burger (s. gegenüber), aber ebenso zu Karotten, Gurken oder Paprikastreifen. Sie schmecken auch gedippt in Tomaten-Basilikum-Sauce (s. S. 108).

✵ Ergibt 22 Bällchen (5–6 Portionen) ✵ Geeignet ab 10 Monaten ✵ Vorbereitungszeit: 5 Minuten ✵ Garzeit: 20 Minuten ✵ Zum Einfrieren geeignet ✵ Enthält Kohlenhydrate, B-Vitamine, Vitamin D, Kalzium, Eiweiß, Ballaststoffe

Zutaten:

100 g Risotto-Reis
250 ml ungesalzene Gemüsebrühe oder Wasser
55 g Edamer oder Gouda, gerieben
15 g Parmesan, frisch gerieben
2 TL fein gehackter Schnittlauch
Pfeffer zum Abschmecken

Zubereitung:

1 Reis mit Brühe oder Wasser in einen kleinen Topf geben und zum Kochen bringen. Auf niedrigste Temperatur schalten und 10 Minuten zugedeckt köcheln lassen.

2 2 EL Wasser zugeben, umrühren, Deckel wieder aufsetzen und weitere 10 Minuten kochen, bis die Flüssigkeit aufgesogen und der Reis weich ist.

3 Vom Herd nehmen und 5 Minuten stehen lassen, dann in eine Schüssel geben und 10–15 Minuten abkühlen lassen. Käse und Schnittlauch unterrühren und mit Pfeffer abschmecken.

4 Mit den Händen teelöffelweise zu Bällchen formen. Sofort servieren oder in einem verschlossenen Behälter kühl stellen. Die Bällchen sind im Kühlschrank 24 Stunden haltbar. Sie können auch eingefroren und über Nacht im Kühlschrank, nicht bei Zimmertemperatur, aufgetaut werden.

Annabels Hähnchen-Burger

Diese zarten, schmackhaften Burger kommen bei Ihrem Kind bestimmt gut an – servieren Sie dazu gedämpftes Gemüse, z. B. Karotten oder Brokkoli, und die ausgewogene Mahlzeit ist perfekt.

★ Ergibt 12 Mini-Burger (4 Portionen) ★ Geeignet ab 10 Monaten ★ Vorbereitungszeit: 10 Minuten
★ Garzeit: 10 Minuten ★ Zum Einfrieren geeignet ★ Enthält Eiweiß, Vitamin C, Kalzium, Eisen, Zink,
Ballaststoffe

Zutaten:

1 EL Olivenöl
½ kleine Zwiebel, geschält und fein gehackt
  (nach Wunsch)
1 kleine Knoblauchzehe, geschält und zerdrückt
  (nach Wunsch)
225 g Hähnchenhackfleisch (aus Brust und
  Schenkel)
4 frische Salbeiblätter, gehackt
¼ Tafelapfel, geschält und geraspelt
20 g frische Semmelbrösel (aus 1 mittelgroßen
  Scheibe Brot)
20 g Parmesan, frisch gerieben
Pflanzenöl zum Braten

Zubereitung:

1 Das Olivenöl in einem kleinen Topf erhitzen, Zwiebel und Knoblauch unter Rühren 2 Minuten dünsten. Abkühlen lassen.

2 Hähnchenhackfleisch in einer Schüssel mit Salbei, Apfel und Semmelbröseln mischen. Zwiebel, Knoblauch und Parmesan unterrühren.

3 Die Masse mit den Händen zu 12 kleinen Küchlein formen.

4 Etwas Pflanzenöl in einer Pfanne erhitzen und die Burger auf jeder Seite 1–2 Minuten anbraten. Die Temperatur herunterschalten und etwa 5 Minuten braten. Als Garprobe die Spitze eines Messers in einen Burger stechen und nach 5 Sekunden wieder herausziehen. Die Klinge sollte kochend heiß sein. Wenn nicht, noch etwas garen lassen. Die Burger auf Küchenpapier abtropfen lassen.

Mini-Fleischbällchen

Die Bällchen schmecken auch köstlich mit Tomaten-Basilikum-Sauce
(s. S. 108) oder zu gedämpftem Gemüse, wie Karotten oder Brokkoli.

✷ Ergibt 25 Bällchen (6–8 Portionen) ✷ Geeignet ab 10 Monaten ✷ Vorbereitungszeit: 15 Minuten
✷ Garzeit: 6 Minuten ✷ Zum Einfrieren geeignet ✷ Enthält Eiweiß, Vitamin C, Kalzium, Eisen, Zink

Zutaten:

2 TL Olivenöl

1 mittelgroße Zwiebel, geschält und fein gehackt
(nach Wunsch)

1 Knoblauchzehe, geschält und zerdrückt
(nach Wunsch)

200 g mageres Rinderhackfleisch

45 g frische Weißbrotbrösel (2 mittelgroße
Scheiben Brot)

1 EL gehackte Petersilie

15 g Parmesan, frisch gerieben

1 TL Tomatenmark

½ kleiner Tafelapfel, geschält und geraspelt

¼ Würfel ungesalzene Gemüsebrühe, zerbröckelt

1 Ei, verquirlt

Pflanzenöl zum Braten

Zubereitung:

1 Das Öl in einem Topf erhitzen und die Zwiebel
3 Minuten unter Rühren dünsten. Knoblauch
zugeben und weitere 30 Sekunden dünsten. Zum
Abkühlen beiseite stellen.

2 Rinderhackfleisch, Brösel, Petersilie, Parmesan,
Tomatenmark, Apfel und Brühwürfel vermischen.
Gedünstete Zwiebel und Knoblauch untermen-
gen, das verquirlte Ei als Bindemittel dazugeben.

3 Aus der Masse 25 kleine Fleischbällchen for-
men. Pflanzenöl in einer Pfanne erhitzen und die
Fleischbällchen rundum bräunen und durchgaren.
Auf Küchenpapier abtropfen lassen.

Fischstäbchen

Diese köstlichen, goldbraunen Fischstäbchen schmecken der ganzen Familie. Sie enthalten viel hochwertiges Eiweiß. Wenn Sie weißes Fischfilet verwenden, müssen Sie die Haut nicht entfernen. Bei dunklerem Filet ist die Haut jedoch oft etwas rau und sollte vor der Zubereitung entfernt werden.

✸ Ergibt 6–8 Fischstäbchen (3–4 Portionen) ✸ Geeignet ab 10 Monaten
✸ Vorbereitungszeit: 10 Minuten ✸ Garzeit: 4 Minuten ✸ Ungebraten zum Einfrieren geeignet
✸ Enthält Eiweiß, Kalzium, Eisen

Zutaten:

75 g frische Weißbrotbrösel (3 mittelgroße
    Scheiben Brot)
20 g Parmesan, frisch gerieben
2 EL grob gehackte Petersilie
1 gute Prise Paprika (nach Wunsch)
2 frische (nicht tiefgefrorene) flache weiße
    Fischfilets ohne Gräten (z. B. Seezunge,
    Scholle), je etwa 100 g, enthäutet (s. oben)
2 EL Mehl
1 Ei, mit 1 EL Wasser verquirlt
Pflanzenöl zum Braten

Zubereitung:

1 Brösel, Parmesan, Petersilie und Paprika im Mixer vermengen, bis die Petersilie fein verteilt ist. Auf einen großen Teller geben.

2 Die Fischfilets längs halbieren, dann in Streifen schneiden.

3 Das Mehl auf einen Teller streuen, das mit Wasser verquirlte Ei in eine flache Form geben. Jedes Stück Fisch zunächst in Mehl, dann in Ei wenden und mit den Bröseln panieren. Wenn Sie den Fisch nicht sofort braten möchten, die panierten Stücke auf ein mit Alufolie ausgelegtes Backblech legen, mit einer zweiten Folienschicht bedecken und 2–3 Stunden einfrieren. Anschließend in eine Tiefkühldose oder in Plastiktüten füllen, diese fest verschließen und in die Tiefkühltruhe legen.

4 Zum Braten wenig Öl in einer Pfanne erhitzen. Die Fischfilets frisch oder tiefgekühlt 2–3 Minuten auf jeder Seite goldbraun braten und durchgaren. Vor dem Servieren auf Küchenpapier abtropfen lassen.

Kleine belegte Brote

Belegte Brote sind schnell und einfach zubereitet und schmecken Ihrem Baby als Fingerfood. Wenn Freundinnen mit ihren Babys zum Kaffee kommen, können Sie Brote mit ganz unterschiedlichen Belägen vorbereiten – und sie den hungrigen Müttern – oder Vätern – gleichfalls anbieten. Für kleine Babys ist es besser, die Brotkruste abzuschneiden. Dickeres Sandwichbrot können Sie mit einem Nudelholz flach auswellen.

Banane, Frischkäse und Himbeeren

✳ Geeignet ab 10 Monaten ✳ Enthält Eiweiß, Kohlenhydrate, Vitamin C, Vitamin D, Kalzium, Kalium, Eisen, Ballaststoffe

2 TL vollfetter Frischkäse
2 Scheiben Brot
½ kleine Banane, zerdrückt
2 TL naturreiner Himbeeraufstrich oder zucker-
   arme Marmelade

Eine Brotscheibe mit Frischkäse bestreichen, die zerdrückte Banane darauf verteilen. Die zweite Brotscheibe mit Marmelade bestreichen. Beide Scheiben zusammenklappen und in 8 kleine Quadrate schneiden.

Weitere beliebte Beläge

✳ Geriebener Käse
✳ Frischkäse und gehackte, getrocknete Aprikosen
✳ Gehacktes, hart gekochtes Ei, mit etwas Mayonnaise und Schnittlauch gemischt
✳ Klein geschnittenes Hähnchenfleisch mit Mayonnaise
✳ Zerdrückte Sardinen (abgespült) mit etwas Tomatenketchup
✳ Zerdrückte Banane

Thunfisch- oder Lachsmayonnaise

✳ Geeignet ab 10 Monaten ✳ Enthält Eiweiß, Kohlenhydrate, Vitamin C, Vitamin D, essenzielle Fettsäuren

2 EL abgetropfter Thunfisch oder Lachs aus der
   Dose, in Stücken
2 TL Mayonnaise
1 TL Tomatenketchup
2 Scheiben Brot

Thunfisch oder Lachs mit Mayonnaise und Tomatenketchup verrühren. Auf eine Scheibe Brot streichen und die zweite Scheibe darauflegen. In 8 kleine Quadrate schneiden.

Tipp:

Verwenden Sie nur industriell hergestellte Mayonnaise, keine selbst gemachte Mayonnaise aus rohen Eiern. Alternativ können Sie griechischen Joghurt nehmen.

Baguette-Pizza

Babys wollen liebend gern an den »richtigen« Mahlzeiten teilhaben; diese Mini-Pizzas können für die ganze Familie zubereitet werden. Sie können auch halbe Toastbrötchen als Pizzagrundlage verwenden.

✷ Ergibt 1–2 Portionen ✷ Geeignet ab 10 Monaten ✷ Vorbereitungszeit: 5 Minuten ✷ Backzeit: 5 Minuten ✷ Enthält Kohlenhydrate, Eiweiß, Vitamin A, Vitamin C, Vitamin D, B-Vitamine, Kalzium

Zutaten:

4 Scheiben von einem dünnen Baguette oder
  2 Scheiben (etwa 5 mm dick) von einem dicken
  Baguette
4 gehäufte TL Tomaten-Basilikum-Sauce (s. S. 108)
  oder Passata (passierte Tomaten)
2–3 frische Basilikumblätter, gehackt
  (nach Wunsch)
20 g Edamer oder Gouda, gerieben, oder
  Mozzarella in Scheiben

Zubereitung:

1 Den Grill auf höchster Temperatur vorheizen. Brot von beiden Seiten unter dem Grill toasten.

2 Das getoastete Brot mit Tomaten-Basilikum-Sauce oder Passata bestreichen. Ggf. mit Basilikum bestreuen. Käse daraufgeben und etwa 1 Minute überbacken, bis der Käse Blasen wirft. Anschließend abkühlen lassen und klein geschnitten servieren.

Käse-Apfel-Tortilla

Tortillas können mit verschiedensten Zutaten gefüllt werden. Probieren Sie auch einmal gehackte Tomaten oder zerdrückten Thunfisch mit geriebener Gurke statt mit Äpfeln.

✷ Ergibt 1 Portion ✷ Geeignet ab 10 Monaten ✷ Vorbereitungszeit: 5 Minuten ✷ Garzeit: 3 Minuten
✷ Enthält Kohlenhydrate, Eiweiß, Vitamin C, Vitamin D, Kalzium, Ballaststoffe

Zutaten:

20 g Edamer oder Gouda, gerieben
1 kleine Weizentortilla
½ kleiner Tafelapfel, gerieben

Zubereitung:

1 Den geriebenen Käse und Apfel auf eine Hälfte der Tortilla legen und zusammenklappen.

2 Eine beschichtete Pfanne bei schwacher Hitze erwärmen. Die Tortilla etwa 1½ Minuten ohne Fett darin erhitzen. Wenn die Unterseite leicht gebräunt ist, wenden und auf der anderen Seite weitere 1½ Minuten bräunen.

3 3–4 Minuten abkühlen lassen. Vor dem Servieren in 4 Stücke schneiden.

Bananeneis am Stiel

Eislollys sind eine leckere Wohltat für zahnende Babys. Sie können diesen Lolly auch mit Orangensaft statt mit Multivitaminsaft zubereiten.

✳ Ergibt 3–4 Eislollys ✳ Geeignet ab 10 Monaten ✳ Zubereitungszeit: 5 Minuten
✳ Enthält Eiweiß, Betacarotin, Vitamin C, Vitamin D, Kalzium, Ballaststoffe

Zutaten:
½ kleine reife Banane
125 g vollfetter Vanillejoghurt
100 ml Multivitaminsaft
1 EL Puderzucker oder Agaven- oder Ahornsirup
  (nach Wunsch)

Zubereitung:
1 Banane und Joghurt im Mixer oder in einer Schüssel mit dem Stabmixer pürieren. Den Saft und ggf. Zucker oder Sirup zugeben und nochmals gut verrühren.

2 In Stieleisförmchen füllen und mehrere Stunden oder über Nacht gefrieren lassen.

Blaubeer-Bananen-Eis

Voller Vitamine und Mineralstoffe, liefern diese köstlichen frischen Eislollys Ihrem Baby die Nährstoffe, die es braucht. Blaubeeren können durch andere Beeren der Saison ersetzt werden. Sie können auch eine Beerenmischung verwenden.

✳ Ergibt 4–5 Eislollys ✳ Geeignet ab 10 Monaten ✳ Vorbereitungszeit: 5 Minuten
✳ Enthält Vitamin C, Vitamin E, Kalium, Eiweiß, Ballaststoffe

Zutaten:
150 g Blaubeeren
6 EL vollfetter Blaubeerjoghurt
¼ reife Banane
1 EL Puderzucker oder Agaven- oder Ahornsirup
  (nach Wunsch)

Zubereitung:
1 Die Zutaten mit dem Mixer oder dem Stabmixer pürieren.

2 Durch ein Sieb streichen, um Kerne und Schalen zu entfernen (nach Wunsch, nicht unbedingt notwendig). In Stieleisförmchen gießen und über Nacht einfrieren.

Tipp:
Wenn Sie keine Stieleisförmchen haben, können Sie die Fruchtmischung in einem Eiswürfelbehälter einfrieren und jeweils ein Stück Trinkhalm hineinstecken. Die Menge ergibt 12–18 Eiswürfel.

Eis-Banane. Eislollys versorgen Ihr Baby mit einer zusätzlichen Portion Obst und wirken gleichzeitig lindernd bei wundem Zahnfleisch.

Bananen-Muffins

Wenn Sie keine Muffinform haben, verwenden Sie doppelte Backförmchen aus Papier, die Sie auf das Backblech stellen.

✳ Ergibt 24 kleine oder 8 normale Muffins   ✳ Geeignet ab 10 Monaten
✳ Vorbereitungszeit: 10 Minuten   ✳ Backzeit: 12–18 Minuten   ✳ Zum Einfrieren geeignet
✳ Enthält Kohlenhydrate, Vitamin C, Kalium, Eisen, Ballaststoffe

Zutaten:

55 g weiche Butter
100 g extrafeiner Zucker
1 Ei
2 kleine, reife Bananen, mit der Gabel zerdrückt
½ TL natürliches Vanillearoma
125 g Mehl
1 TL Backpulver
¼ TL Natron
¼ TL Salz (nach Wunsch)
55 g gehackte Rosinen

Zubereitung:

1 Den Backofen auf 180 °C (Umluft 160 °C) vorheizen. Mini-Muffins-Form mit 24 Petit-Fours-Papierförmchen auslegen oder eine normale Muffinform mit 8 Papierförmchen.

2 Butter und Zucker schaumig schlagen. Ei, Bananen und Vanille dazugeben und eine weitere Minute rühren.

3 Mehl, Backpulver, Natron und ggf. Salz darübersieben und unterrühren. Rosinen einrühren.

4 Teig in die Förmchen geben und 12–14 Minuten (Mini-Muffins) bzw. 16–18 Minuten (normale Muffins) goldbraun backen. Die Muffins müssen aufgegangen und fest sein. 5 Minuten in der Form abkühlen lassen, dann auf ein Gitter zum Abkühlen legen. In einem luftdichten Behälter aufbewahren oder in einer Tiefkühldose oder fest verschlossenen Plastikbeuteln einfrieren.

Hafer-Cookies

Diese kleinen Kekse schmecken als Nachtisch oder als gesunde Zwischen-mahlzeit. Der Ahornsirup verleiht ihnen ein feines Aroma; der Hafer enthält Ballaststoffe, Eiweiß und B-Vitamine.

✴ Ergibt 20 kleine oder 12 große Cookies ✴ Geeignet ab 10 Monaten ✴ Vorbereitungszeit: 15 Minuten
✴ Backzeit: 12–18 Minuten ✴ Enthält Kohlenhydrate, Eiweiß, B-Vitamine, Eisen, Ballaststoffe

Zutaten:

75 g Vollkornmehl
55 g feine Haferflocken
¼ TL Natron
85 g weiche Butter
75 g extrafeiner Zucker
1 EL Ahornsirup
1 TL natürliches Vanillearoma
55 g Rosinen oder gehackte, getrocknete
   Aprikosen

Zubereitung:

1 Den Backofen auf 180 °C (Umluft 160 °C) vorheizen. Alle Zutaten außer dem Trockenobst in den Mixer geben und 1–2 Minuten mixen, bis sich große Teigklumpen bilden. Trockenobst dazu-geben und kurz durchrühren.

2 Jeweils einen gehäuften Teelöffel Teig zu einem walnussgroßen Bällchen formen (insgesamt 20 Stück) und die Bällchen auf zwei mit Backpapier ausgelegte Backbleche legen. Mit der Rückseite eines nassen Löffels flach drücken (5 mm). Alternativ größere Cookies aus jeweils einem Esslöffel Teig formen.

3 Kleine Cookies in 12–15 Minuten, große in 15–18 Minuten goldgelb backen. Weichere Cookies nach amerikanischer Art etwas kürzer backen, knusprigere etwas länger.

4 Einige Minuten auf dem Backblech abkühlen lassen, dann auf einem Gitter ganz auskühlen lassen. In einem luftdichten Behälter aufbewahren.

Menüplaner: 10 bis 12 Monate

Ich habe die Menüplaner möglichst abwechslungsreich gestaltet, aber Sie können auch Speisen auf Vorrat kochen, einfrieren und dasselbe Gericht zwei- oder dreimal pro Woche geben. Mit zehn Monaten können die Milchmahlzeiten allmählich reduziert werden.

Tag	Frühstück	Mittagessen	Nach-mittag	Abend	Spät-abends/ nachts
1	Getreideflocken mit Milch; Obst; Brust/Flasche nach Bedarf	Annabels Hähnchen-Burger mit Karotten und Brokkoli, Reis; Obst	Dinkel-Aprikosen-Brei	Milchbrei oder Butterbrot mit Käse und Obst	Brust/Flasche nach Bedarf
2	Getreide-Milch-brei mit Obst; Brust/Flasche nach Bedarf	Annabels leckere Bolognese; Hafer-Cookie, Obst	Zwieback-Bananen-Brei	Milchbrei oder Baguette-Pizza, Joghurt und Obst	Brust/Flasche nach Bedarf
3	Rührei, Toast; Obst; Brust/Flasche nach Bedarf	Käse-Apfel-Tortilla, Karotten- und Gurken-sticks; Obst, Joghurt	Grieß-Pfirsich-Brei	Milchbrei oder belegte Brote und Karottensticks, Milch	Brust/Flasche nach Bedarf
4	Zwieback in Milch mit Banane; Brust/Flasche nach Bedarf	Mini-Fleischbällchen, gekochte Kartoffeln, gedämpfte Karotte; Bananeneis	Haferflocken-Aprikosen-Brei	Milchbrei oder Toast mit Frisch-käse und Gurken-sticks	Brust/Flasche nach Bedarf
5	Bananen-Muffin; Frischkäse; Obst; Brust/Flasche nach Bedarf	Fischstäbchen mit Ofenkartoffel; Joghurt	Reis-Apfel-Brei	Milchbrei oder Mischbrot mit Butter, Bananen-joghurt	Brust/Flasche nach Bedarf
6	Rührei, Toast; Obst; Brust/Flasche nach Bedarf	Nudeln mit Tomaten-Basilikum-Sauce; Apfel-Birnen-Mus mit Joghurt	Dinkel-Blaubeeren-Brei	Milchbrei oder Annabels Hähn-chen-Burger, Joghurt	Brust/Flasche nach Bedarf
7	Butterbrot mit Käse; Obst; Brust/Flasche nach Bedarf	Hähnchen-Bolognese; Obst mit Joghurt	Zwieback-Birnen-Brei	Milchbrei oder belegte Brote mit Thunfisch, Pudding	Brust/Flasche nach Bedarf

Hilfreiche Adressen

Annabel Karmel
www.annabelkarmel.com
Englischsprachige Top-Adresse für
Rezepte. Bücher und Empfehlungen
zum Thema Abstillen und Beikost,
Kinderernährung und Familienkost.

**Forschungsinstitut für Kinder-
ernährung Dortmund**
Heinstück 11, 44225 Dortmund
Tel.: 02 31/79 22 10-0
www.fke-do.de

**Deutsche Gesellschaft für Ernäh-
rung e.V. (DGE)**
Godesberger Allee 18, 53175 Bonn
Tel.: 02 28/37 76-600
www.dge.de

Allergien

**Arbeitsgemeinschaft
Allergiekrankes Kind**
Augustastraße 20, 35745 Herborn
Tel.: 0 27 72/9 28 70, www.aak.de

Stillen

**Arbeitsgemeinschaft Freier
Stillgruppen (AFS)**
Bornheimer Straße 100, 53119 Bonn
Tel.: 02 28/3 50 38 71
www.afs-stillen.de

La Leche Liga Deutschland e.V.
Geschäftsstelle
Dannenkamp 25, 32479 Hille
Tel.: 05 71/4 89 46
www.lalecheliga.de

Deutsche Zöliakie-Gesellschaft e.V.
Kupferstraße 36, 70565 Stuttgart
Tel.: 07 11/45 99 81-0
www.dzg-online.de

Mütterzentren Bundesverband e.V.
Müggenkampstr. 30a, 20257 Hamburg
Tel.: 0 40/40 17 06 06
www.muetterzentren-bv.de

Österreich

**Österreichische Gesellschaft für
Ernährung**
ÖGE-Geschäftsstelle
Zimmermanngasse 3, A-1090 Wien
Tel: 01/7 14 71 93
www.oege.at

La Leche Liga Österreich/Schweiz
www.lalecheliga.at
www.lalecheliga.ch

Schweiz

**Schweizerische Gesellschaft für
Ernährung**
Schwarztorstrasse 87, Postfach 8333
CH-3001 Bern
Tel. 0 31/3 85 00 00
www.sge-ssn.ch

**Berufsverband Schweizerischer
Stillberaterinnen**
Postfach 686, 3000 CH-Bern 25
Tel.: 0 41/6 71 01 73, www.stillen.ch

Register

Register

Über die Autorin

Annabel Karmel ist eine der weltweit erfolgreichsten Autorinnen zum Thema Kinderernährung. Ihre Bücher werden auf der ganzen Welt verkauft. Als konkurrenzlose Expertin in allen Bereichen der Babyernährung bietet sie praktischen Rat zu gesundem Essen und erklärt, wie sich der Nährstoffbedarf des Kindes mit dem Wachstum verändert.

Annabel Karmel schreibt regelmäßig für britische Zeitschriften und Magazine und ist in Radio und Fernsehen als Top-Spezialistin für Kindernährung präsent. In britischen Supermärkten sind Fertiggerichte nach ihren Rezepten erhältlich ebenso wie Küchenzubehör, Nudeln und Saucen. Ihre gesunden Mahlzeiten werden auch in britischen Freizeitparks, in Hotelketten und Kindertagesstätten angeboten.

Auf ihrer englischsprachigen Webseite www.annabelkarmel.com erhalten Sie viele wichtige Informationen rund um das Thema Kinderernährung. Annabel Karmel erhielt zudem bedeutende britische Auszeichnungen.

Dank

Dank der Autorin
Großer Dank gilt meinem fantastischen Team bei Dorling Kindersley: Peggy Vance, Helen Murray, Sara Kimmins, Charlotte Seymour, Penny Warren, Marianne Markham, Glenda Fisher und Caroline Gibson. Ebenso danke ich Dave King, Seiko Hatfield, Liz Thomas, Caroline Stearns, Marina Magpoc, Evelyn Etkind und Tripp Trapp (für die freundliche Überlassung ihrer Hochstühle). Ein besonderer Dank gilt all meinen wunderbaren Babys und ihren Eltern.

Dank des Verlags
DK dankt Jo Godfrey Wood für die Lektoratsassistenz, Sarah Ponder für den Layoutentwurf, Susan Bosanko für die Erstellung des Registers, Becky Alexander für das Korrekturlesen und Roisin Donaghy und Jo Penford für Frisuren und Make-up. Dank auch an die Models: Craig und Thomas Barrington; Susannah Blyth-Corcoran und Amélie Lecoeur; Sarah Booker und Ellie Walker; Noah Catchpole; Pinny und Kit Crane; Leigh und Isla Haynes; Nathalie und Charlie Heath; Emmanuelle und Joachim Horsford; Susanna und Poppy Howe; Vanessa Josephs und Caelan Edie; Susan Knox und Cormac Joseph Knox Heinrich; Suzanne und Sadie Lander; Lesley Manalo und Nathan De Castro; Esther Marney und Amelie Read; Daniel Pirrie; Viv und Aaron Ridgeway.
Coverfoto vorn (oben): Getty Images/Burazin
Alle anderen Abbildungen@Dorling Kindersley